www.entdecke.de

Entdecke die Urzeitkrebse
Triops, Feenkrebse & Co
Kriton Kunz

1. Auflage 2022

ISBN: 978-3-86659-503-3

An der Kleimannbrücke 39/41
48157 Münster
Tel.: 0251-13339-0
Fax: 0251-13339-33
E-Mail: verlag@ms-verlag.de

Home: www.ms-verlag.de
Geschäftsführung: Matthias Schmidt
Layout: Isabell Büchter
Lektorat u. Bildredaktion: Kriton Kunz
Druck: Drusala, Frýdek-Místek

Dank

Viele Personen haben zu diesem Buch überaus großzügig wunderbare Fotos oder anderweitige Unterstützung beigesteuert: Robin Agarwal, Dr. Radim Blažek, Jean Dhont (Laboratory of Aquaculture & Artemia Reference Center), Uwe Dost, Faerthen Felix, Ian Gardiner, Hartmut Heise, Sebastian Hennigs, Walter Hilf, Dr. Martin Horstmann, Klaus-Peter Kelber, Daniel Knop, Florian Lahrmann, Luka Lee, Tomasz Linkowski, Dr. Dragana Miličić, Dr. Linda Nedbalová, Dr. Vittorio Pasquali, Dr. Matej Polačik, Prof. em. Dr. Jörg W. Schneider, Dr. Oliver Schneider (INVE Aquaculture), Martin Schwentner, die Heinz-Sielmann-Stiftung, Prof. Dr. Brian Timms und Dr. Thorid Zierold.
Prof. em. Dr. Jörg W. Schneider las die Angaben zur Entwicklungsgeschichte kritisch, Dr. Erich Eder und Florian Lahrmann sahen das gesamte Manuskript konstruktiv durch. Prof. Dr. Mario Engelmann nahm sich gleich mehrere Manuskriptversionen vor und gab mir viele wertvolle Hinweise.
Allen Genannten danke ich von Herzen!

Alamy:
S.6: Kurt Miller / Stocktrek Images

Mauritius:
Cover unten: Nature Photographers Ltd Alamy/ Alamy Stock Photos
S.12 o li: Blickwinkel/Alamy/Alamy Stock Photos
S.15 oben: Minden Pictures/Piotr Naskrecki
S.35 Mitte re: Blickwinkel/Alamy/Alamy Photos
S.43 o re: Blickwinkel/Alamy/Alamy Stock Photos
S.54 Mi: Pitopia/PRILL Mediendesign & Fotografie

shutterstock:
S.1: RealityImages
S.2: 23frogger
S.4 oben: Marina Gudimovich
S.5 unten: Laura Ryan
S.8 unten rechts: Dirk Ercken
S.9 oben links: Andreas Wolochow
S.9 oben rechts: Daniel Eskridge
S.11: Lebendkulturen.de
S.13 unten: Dmitry Fch
S.15 unten: Peanutt_Butter
S.26/27: 3Dsculptor
S.27 unten links: Elena Pavlovich
S.30 unten: WildMedia
S.31 Mitte: Kuttelvaserova Stuchelova
S.32/33 unten: Delbars
S.32 oben: MichaelMou85
S.34/35: turtix
S.35 Mitte (Lupe): benny337
S.36 oben: Napat
S.36 unten: Dmitry Fch
S.37: Napat
S.40/41 oben: Amor Kar
S.42/43 unten: Sanit Fuangnakhon
S.43 oben links: slowmotiongli
S.43 Mitte rechts: Benevolente82
S.44 unten links: temp-64GTX
S.44 Mitte: Rattiya Thongdumhyu
S.52 oben: Napat
S.52/53: leo w kowal
S.54/55: kiattisak wannasri
S.53 Mitte: Toxotes Hun-Gabor Horvath
S.54 oben: narikan
S.55 oben: STORM INSIDE PHOTOGRAPHY
S.55 Mitte: Trofimov Denis
S.56 oben: Sondipon
S.56 unten: Samri
S.57 oben: Juan Enrique del Barrio
S.57 unten: Hintau Aliaksei
S.58: ARTpok
S.62: Martin Pelanek
S.63: Dirk Ercken

Sonstige:
Robin Gwen Agarwal: S.12 oben rechts
Radim Blažek: S.34 Mitte (2x)
Uwe Dost: S.35 oben, S.38 oben, S.45 oben
ESA, ROSCOSMOS (via Dr. Thorid Zierold): S.26 Mitte
Ian Gardiner: Cover Mitte links und rechts, U4, S.16 Mitte (2x), S.17 (2x), S.18 (2x), S.19 oben und unten, S.25 (2x), S.38 unten, S.45 unten, S.50 (2x)
Hartmut Heise: S.60/61
Sebastian Hennigs: Cover oben, S.20 oben links, S.59 (2x, zus. mit Heinz-Sielmann-Stiftung)
Walter Hilf: S.16 oben, S.60 Mitte
Dr. Martin Horstmann: S.46 unten
INVE Aquaculture, Hoogveld 93, 9200 Dendermonde, Belgium: S.24 unten (Illu), S.53 oben
Klaus-Peter Kelber: S.8 unten links
Daniel Knop: Vorsatz, S.22/23, S.22 (2x)
Kriton Kunz: S.13 (2x), S.14 (3x), S.20/21 unten, S.21 (2x), S.23 (2x), S.27 unten rechts, S.30/31 oben, S.39 (2x), S.42 oben (2x), S.46 oben, S.47 (2x), S.48 (2x), S.60 oben
Laboratory of Aquaculture & Artemia Reference Center, Ghent University, Belgium: S.52 Mitte
Florian Lahrmann: S.49, S.64
Luka Lee (Arizona Fairy Shrimp): S.51 oben
Tomasz Linkowski: S.40 unten
Linda Nedbalová: S.33 (2x)
Rolf Nölte: Illustrationen S.4, S.8, S.24 oben, S.50
Martin Schwentner: S.10
Brian Timms: S.19 Mitte rechts, S.20 oben rechts, S.28/29 (8x)
Stacey Wittek: S.16 unten

Inhaltsverzeichnis

Viele Dinge gibt es in dem Antiquitätengeschäft zu bestaunen

Eine Zeitreise

Das ist ja ein richtig tolles Antiquitätengeschäft! Überall aufregende alte Dinge: hier ein kunstvoller Globus, dort ein gefährlich blitzender Säbel – vielleicht von einem verwegenen Piraten? An einer Tür ist ein Schild angebracht: „Privat! Durchgang verboten!“ Aber Du bist so ins Staunen versunken, dass Du die Warnung nicht bemerkst und die Tür ahnungslos öffnest.

Mit einer Zeitmaschine zu den Dinosauriern und Urzeitkrebsen – wäre das nicht toll?

Was ist denn das? Da steht ein ganz merkwürdiger Apparat, ein bisschen wie ein supermoderner Schlitten. Du nimmst auf dem Sitz Platz, und plötzlich ahnst Du, worum es sich handelt – denn auf dem Armaturenbrett vor Dir entdeckst Du Rädchen und Knöpfe, mit denen man weit, weit zurückliegende Jahreszahlen eingeben kann. Das muss eine Zeitmaschine sein!

Du möchtest unbedingt zu den Dinos reisen! Aufgeregt stellst Du ein, „Zeit vor heute: 67 Millionen Jahre“, und betätigst den Startknopf. Du siehst grelle Lichter aufblitzen, der Raum, in dem Du Dich befindest, verschwindet. Fest umklammerst Du die Haltegriffe, denn der Apparat vibriert und wackelt. Auf einmal werden die Lichtstreifen zu Deinen Seiten weniger intensiv, alles verlangsamt sich, die Zeitmaschine kommt zum Stehen.

Du bist auf einer weiten, sandigen Ebene gelandet, die sich zwischen einem Fluss und dem Waldrand erstreckt. Um Dich umzuschauen, steigst Du aus, aber sofort durchzuckt Dich der Gedanke, dass die Zeitreise vielleicht doch keine so gute Idee war: Hinter einer Waldecke, die sich in die Ebene vorschiebt, rast nämlich eine ganze Herde Edmontosaurier hervor, riesige Tiere, offensichtlich in Panik! Sie rennen genau auf Dich zu – und hinter ihnen her, mit offenem Rachen, vier gigantische *Tyrannosaurus rex*, offenbar zwei Elterntiere mit ihren bereits ziemlich herangewachsenen Jungen.

Mit schnellen Sprüngen versuchst Du, Dich bei einem Felsblock in Sicherheit zu bringen. Ein weiter Satz katapultiert Dich über eine ausgedehnte Pfütze und Du wirfst Dich hinter den rettenden Felsen. Gerade im letzten Moment, denn schon trampeln die Saurier durch die Pfütze an Dir vorbei, dass das Wasser nur so spritzt. Zum Glück bemerken die Raubsaurier Dich nicht, sondern haben nur ihre erhoffte Beute im Blick. Die Tiere werden kleiner, bald verschwinden sie hinter einer Baumgruppe.

Uff, das war knapp! Erst mal durchatmen. Vorsichtig krabbelst Du hinter dem Felsen hervor, auf die Wasserlache zu, um die riesenhaften Fußabdrücke der Saurier im Schlamm zu betrachten. Doch was bewegt sich denn da im seichten Wasser, das sich in den Spuren gesammelt hat? Du beugst Dich nieder und entdeckst merkwürdige Tiere. Sie besitzen einen halbrunden Schild, etwa so groß wie eine Walnuss, und einen lang darunter hervorragenden Hinterkörper. Emsig durchpflügen sie das Wasser und den Schlamm.

In versteinerten Dinosaurierspuren könnten theoretisch heute Urzeitkrebschen schwimmen

Dinosaurier und Urzeitkrebse waren Zeitgenossen. Die Urzeitkrebse lebten aber schon viele Millionen Jahre früher auf der Erde.

Erst auf den zweiten Blick fällt Dir auf, dass da auch noch eine zweite Tierart im Wasser unterwegs ist. Zuerst hattest Du sie gar nicht bemerkt, denn sie ist kleiner und fast durchsichtig. Diese glasartigen Wesen schwimmen auf dem Rücken. Was für Tierchen mögen das sein, so alt wie die Dinosaurier?

Dermaßen tief in ihren Anblick versunken bist Du, dass Du erst jetzt bemerkst, dass einer der Tyrannosaurier aus der Ferne wieder aufgetaucht ist und langsam, aber zielstrebig auf Dich zutrottet. Der hat es auf Dich abgesehen! Rasch wirfst Du Dich in Deine Zeitmaschine und stellst mit zitternden Fingern hastig irgendeine Zeit ein, ganz gleich, nichts wie weg!

Wieder rattert und vibriert alles, wieder blenden Dich Lichter und wieder kommst Du nach einer Weile zum Stehen. Oh je, diesmal bist Du in einer Wüste gelandet. Es ist brütend heiß. Dir klebt der Schweiß auf der Stirn – ob es hier, mitten in der Einöde, wohl irgendwo Wasser gibt? Du marschierst los – und zwar in Richtung einiger spärlicher Pflanzen, denn dort müsste es ja eigentlich auch Feuchtigkeit geben.

Tatsächlich hat sich dort in einem großen Loch einer Felsplatte eine Wasserlache gehalten, wohl von einem seltenen Regenguss. Zu Deiner Erleichterung stellst Du fest, dass das Wasser sogar klar ist. Du kniest am Rand der Pfütze nieder und schöpfst mit den Händen, um zu trinken.

Gerade als Du das Wasser zum Mund führst, siehst Du im letzten Moment, dass darin etwas zappelt. Du schaust genauer hin: Das ist ja schon wieder so ein zartes, durchsichtiges Geschöpf, sehr ähnlich denen, die Du vor Kurzem bei den Dinosauriern beobachtet hast! Nun bemerkst Du eine riesige Zahl der Tierchen, die ihre Kreise durch die Pfütze ziehen.

Dann bist Du beim zweiten Mal wohl gar nicht weit in der Zeit zurückgereist, befindest Dich noch immer im Reich von *Tyrannosaurus, Triceratops* und Co? Wissbegierig läufst Du zu Deiner Zeitmaschine und schaust nach, was Du vorhin in Deiner Hektik eingestellt hast. Erstaunen ergreift Dich, denn auf der Anzeige steht: 300 Millionen Jahre!

Zum Glück bist Du nach Deiner Zeitreise wieder gesund und munter im Hier und Jetzt zurück. Ich lade Dich nun ein, das clevere Eulchen Xabi und mich auf eine zweite Reise zu begleiten – eine Reise, die weniger gefährlich, aber mindestens genauso aufregend ist und uns durch die spannende Welt der heute noch lebenden Urzeitkrebse führt!

Wissenschaftliche Namen

An manchen Stellen wirst Du hier im Buch merkwürdige, kursiv (schräg) gedruckte Namen lesen. Das sind wissenschaftliche Bezeichnungen für Urzeitkrebsarten.
Wenn Du ins Internet gehen kannst, findest Du unter der auf Seite 61 abgedruckten Adresse beziehungsweise dem QR-Code dazu noch weitere Informationen.

Willkommen in der Welt der Urzeitkrebse!

Fische jagten die Vorfahren der Urzeitkrebse im Meer. Wohl deshalb wichen diese irgendwann auf kurzzeitig bestehende Gewässer an Land aus.

Die ersten Dinosaurier entwickelten sich vor etwa 240 Millionen Jahren auf unserem Planeten. Aber schon weit über 100 Millionen Jahre zuvor, nämlich vor rund 365 Millionen Jahren, tummelten sich in seichten Gewässern Krebse, die heute noch lebenden Urzeitkrebsen bereits sehr ähnlich sahen. Ihre ersten Vorfahren sind sogar noch viel älter, sie existierten vor etwa 500 Millionen Jahren! Damit zählen sie zu den frühsten bekannten Krebsen überhaupt. Heutige Arten dieser Tiergruppe sind wohl die ursprünglichsten noch existierenden Krebstiere der Welt – eben deshalb nennen wir sie im Deutschen ja gerne Urzeitkrebse.

Die Vorfahren der Urzeitkrebse entwickelten sich im Meer. Als dort aber vor hunderten Millionen Jahren die ersten Fische auftauchten, die unsere leckeren Krebschen „zum Fressen gern" hatten, wichen diese auf einen anderen Lebensraum aus: Sie eroberten Gewässer an Land, die nur vorrübergehend bestehen. Dafür gibt es in solchen Lachen, Tümpeln und Pfützen meist keine Fische und andere Fressfeinde.

Woher wissen wir überhaupt, dass in Gewässern derart grauer Vorzeit Urzeitkrebse vorkamen? Wenn so ein Tier starb und die Wasserlache dann austrocknete, verweste sein Körper manchmal kaum, sondern wurde vom trocknenden Schlamm und später von Sand eingeschlossen. Immer höher wuchs die Sandschicht darüber und schließlich wurde dadurch der Druck so groß, dass die unteren Schichten sich in Stein verwandelten – und darin eingebettet die Überreste der Urzeitkrebse. So etwas nennt man ein Fossil. Du kennst das sicher auch zum Beispiel von Dinosaurierknochen.

Links: Durch solche Fossilien wissen wir, dass Urzeitkrebse wie dieser Rückenschaler schon vor hunderten Millionen Jahren ziemlich genauso aussahen wie ihre heute lebenden Nachfahren (rechts)

Die meisten Tiere, die wir durch Fossilien kennen, sind inzwischen ausgestorben, wie beispielsweise der Urvogel *Archaeopteryx*

Wir können uns nur vorstellen, wie solche Tiere lebend wohl ausgesehen haben

Normalerweise sind Tierarten, deren Überreste als Fossilien erhalten geblieben sind, schon seit vielen Millionen Jahren ausgestorben – eben wie *Triceratops, Tyrannosaurus* oder der Urvogel *Archaeopteryx*. Das Besondere an Urzeitkrebsen aber ist: Diese Tiere haben die Jahrmillionen und die Dinosaurier kommen und gehen sehen, ohne dass sich dabei ihr Körperbau großartig verändert hätte! Sie sind sozusagen „die Alten" geblieben. Offenbar haben sich ihr „Bauplan" und ihre Lebensweise so hervorragend bewährt, dass sie beides gar nicht zu ändern brauchten. An ihre Umwelt waren sie damit vor hunderten Millionen Jahren genauso gut angepasst wie auch heute.

Für Lebewesen, deren genauso aussehende Vorfahren es schon vor derart langer Zeit gab, findest Du manchmal die Bezeichnung „lebende Fossilien". So wurden 220 Millionen Jahre alte Fossilien gefunden, die dem heute lebenden Sommer-Schildkrebs (*Triops cancriformis*) so sehr ähneln, dass Forscher zeitweise annahmen, es handle sich um dieselbe Art. Damit wäre *Triops cancriformis* die älteste heute noch lebende Tierart gewesen und tatsächlich ein „lebendes Fossil". Heute glauben Experten zwar, dass es sich bei den erwähnten Fossilien doch nicht um exakt dieselbe Art wie die heute lebende handelt. Aber immerhin sahen diese „Ur-*Triops*" schon haargenau so aus wie die heutigen.

Überall zu Hause

Urzeitkrebse haben es geschafft, sich auf allen Kontinenten unserer Erde erfolgreich anzusiedeln, sogar in der eisigen Antarktis!

In manchen Gewässern kommen Rückenschaler, Muschelschaler und Feenkrebse gemeinsam vor – zusammen mit anderen Kleinlebewesen

Vielzweck-Beine

Blattfußkrebse heißen auch Kiemenfußkrebse, weil sie mit den blattähnlichen Verbreiterungen ihrer Beine zu atmen vermögen – diese funktionieren also wie Kiemen. Allerdings wissen wir heute, dass praktisch die gesamte Oberfläche ihres Körpers der Atmung dient. Man könnte diese Tiere also auch „Kiemenkörperkrebse“ nennen.
Außerdem helfen die Beine dabei, den Salzhaushalt der Krebschen zu regulieren, ähnlich wie unsere Nieren. Vielfältige Sinnesorgane an den Beinen nehmen Wasserbewegungen, Duftstoffe, Geschmackstoffe und andere Reize wahr.
Um die Gruppen der Urzeitkrebse von den mit ihnen verwandten Wasserflöhen zu unterscheiden, nennen Wissenschaftler sie auch Großbranchiopoden, das bedeutet „große Kiemenfüßer“.

Rückenschaler, Feenkrebse, Muschelschaler

Als Urzeitkrebse bezeichnen wir heute die Rückenschaler oder Schildkrebse, die Feenkrebse, zu denen auch die Salzkrebschen oder Artemien zählen, und die drei Gruppen der Muschelschaler. Die Beine all dieser Krebstiere sind mit zarten oder kräftigen Chitinstacheln „gefiedert“ und bewehrt, vor allem jedoch blattähnlich abgeplattet und verzweigt. Deshalb werden sie – gemeinsam mit den Wasserflöhen – zur Gruppe der Blattfußkrebse zusammengefasst. Wasserflöhe sind also sehr nah mit den Urzeitkrebsen verwandt.

Wie die Urzeitkrebse zählen auch die Wasserflöhe zu den Kiemenfußkrebsen

Rückenschaler oder Schildkrebse

Die Gruppe der Rückenschaler, die auch Schildkrebse genannt werden, umfasst nur zwei Untergruppen, sogenannte Gattungen: *Triops*, die Sommer-Schildkrebse, und *Lepidurus*, die Frühjahrs-Schildkrebse. Normalerweise werden diese Tiere etwa bis fünf Zentimeter groß, maximal erreichen sie jedoch auch einmal elf Zentimeter Länge – und sind damit für Urzeitkrebse schon gewaltige Brocken!

Sicher fällt Dir beim Blick von oben sofort auf, dass ein mittig gekielter Schild Kopf und Brustbereich sowie einen Teil des Hinterlewibs bedeckt. Aus dem gezackten, hufeisenförmig eingeschnittenen Hinterrand des Schildes ragen die ringförmigen Abschnitte des Hinterleibs hervor. Am Ende sitzen zwei lange, fadenartige Anhänge.

Der Schild ist recht weich. Er besteht wie die gesamte Körperhülle aller Urzeitkrebse vorwiegend aus Chitin, wie bei Insekten. Bei vielen anderen Krebsen wie Hummer oder Krabben dagegen ist die Körperhülle durch Kalk sehr fest.

Vorn am Kopf erkennst Du zwei große, nierenförmig gebogene Komplexaugen. Sie bestehen bei unseren hei-

Der Vorderkörper und ein Teil des Hinterkörpers der Rückenschaler sind von einem Schild bedeckt. Frühjahrs-Rückenschaler wie diese beiden Arten besitzen am Hinterleibsende einen blattförmigen Fortsatz – bei Sommer-Rückenschalern der Gattung *Triops* fehlt dieser.

1) Das Medianauge ist in den Körper hinein versenkt und darum von außen nur angedeutet zu sehen
2) Die wuchtigen Komplexaugen setzen sich aus einer großen Zahl Einzelaugen zusammen
3) Oft wird das Nackenorgan für ein Auge gehalten, aber mit dem Sehen hat es nichts zu tun! Es dient dazu, den Salzhaushalt des Tieres zu regulieren.

mischen Arten *Triops cancriformis* aus rund 310 und bei *Lepidurus apus* (Frühjahrs-Schildkrebs) aus rund 170 Einzelaugen.

In der Mitte vorn zwischen den Komplexaugen sitzt noch ein kleines, jedoch in die Tiefe abgesenktes Einzelauge, das auch Medianauge (das bedeutet „Mittel-Auge“) oder Ocellus genannt wird – ohne Lupe ist seine Lage schwierig zu erkennen.

Hinter den Komplexaugen befindet sich das meist rundliche, ovale oder bei *Triops granarius* abgerundet dreieckige Nackenorgan. Bei allen Urzeitkrebsen ist es vorhanden. Es dient dazu, den Salzgehalt des Wassers festzustellen und dementsprechend den Salzgehalt der Körperflüssigkeiten zu regulieren. Das ist wichtig, denn diese Tiere kommen in Gewässern mit schwankendem Gehalt an gelösten Salzen vor. Würde zu viel Salz in ihren Körper ein- oder ausströmen, müssten sie sterben.

Dreiauge

Wie Du auf dieser Seite lesen kannst, besitzen Rückenschaler drei Augen. Der wissenschaftliche Name *Triops* bedeutet übersetzt denn auch „Dreiauge“. Lustig ist aber, dass der Wissenschaftler, der 1803 diese Bezeichnung für den Sommer-Schildkrebs erstmals verwendete, wahrscheinlich gar nicht wusste, dass die Tiere außer den beiden Komplexaugen tatsächlich noch ein drittes Auge besitzen, nämlich das in den Körper versenkte Medianauge. Vielmehr schrieb er, das dritte Auge sei „kugelförmig“ – damit kann er nur das Nackenorgan gemeint haben. Trotz dieses Irrtums ist der Name zutreffend – lustig, oder?

Der Schild der Rückenschaler ist nicht wie bei Schildkröten fest mit dem gesamten Rücken verbunden, sondern nur vorne am Kopf festgewachsen. Dadurch ist der Krebs sehr beweglich.

Die Bauchseite des Rückenschalers lässt die vielen unterschiedlich geformten Beine erkennen

Urzeitkrebs-Unterhaltungen?

Erst kürzlich haben Wissenschaftler am heimischen Sommer-Schildkrebs sowie einer weiteren Rückenschalerart herausgefunden, dass diese Tiere sehr hohe Laute erzeugen, die allerdings für das menschliche Ohr zu leise sind. Nur durch Spezialmikrofone können sie aufgezeichnet werden. Die Forscher überlegen, ob die Töne mit dem Fressen zu tun haben oder ob sich die Tiere in ihren oft trüben Pfützen auf diese Weise untereinander verständigen. Aber vielleicht entstehen diese Geräusche auch einfach nur zufällig und haben keinerlei Bedeutung?

GROOOOAAHHH

Die Blattbeinchen sind nicht glatt, sondern besitzen viele Vertiefungen. Das vergrößert die Oberfläche zum Atmen.

Betrachten wir einen Schildkrebs nun von unten. Alle Krebstiere besitzen ursprünglich zwei Paar Antennen oder Fühler. Bei manchen Arten sind diese sehr lang – Du kennst das sicher von Hummern oder Garnelen. Schildkrebse dagegen besitzen nur sehr kurze Antennen, die kaum zu sehen sind. Was bei unserem Schildkrebs im Kopfbereich so lang hervorragt, sind also nicht die Antennen, sondern verzweigte Fortsätze der ersten Beinpaare – sie übernehmen Funktionen der Antennen. Außerdem erkennst Du im Mundbereich eine auffällige Platte, die Oberlippe. Zwei seitlich daneben liegende, kräftige Kiefer dienen dazu, Nahrung zu zerkleinern.

Auf den Kopfbereich folgen elf Segmente mit jeweils einem Paar Beine. Die vorderen Beinpaare der Schildkrebse dienen vor allem dem Laufen oder dem Abstoßen vom Untergrund, dem Tasten sowie dem Festhalten von Beute. Die weiteren Beine sind alle ziemlich gleich gebaut, aber unterschiedlich groß. Sicher fällt Dir auf, dass die Form ihrer Enden an ein Blatt erinnert.

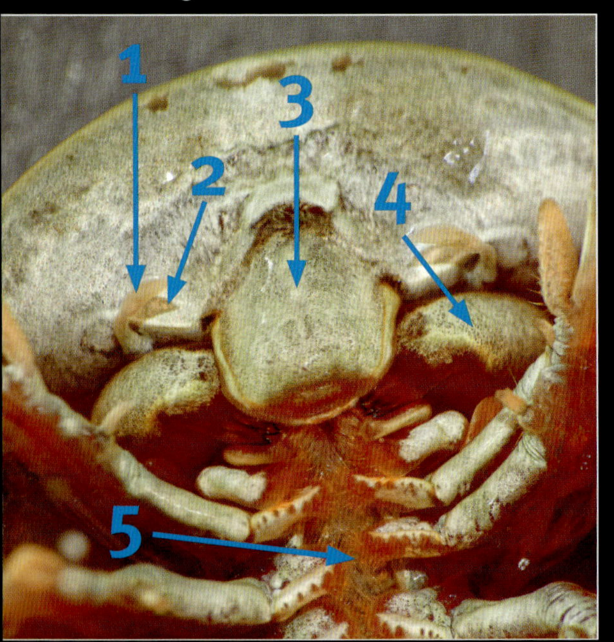

1) Hier siehst Du eine der beiden winzigen Antennen jeder Körperseite ...
2) ... und hier die zweite
3) Die Oberlippe ist eine große Platte
4) Links und rechts davon liegen die kräftigen Kauwerkzeuge, die Mandibeln
5) Die Borsten an den Grundgliedern der Beinpaare „kehren" und strudeln Nahrungsteilchen durch die Rinne in der Mitte der Unterseite des Körpers in Richtung Mund

Auf der raschen Flucht vor Feinden nutzt der Schildkrebs den beinlosen Hinterleib wie eine Flosse und schlägt ihn schnell auf und ab, um die Geschwindigkeit zu erhöhen – fast wie ein Delfin mit seiner Schwanzflosse

Die Beine schlagen nicht gleichzeitig, sondern etwas zeitlich versetzt. Diese Bewegung erzeugt eine Wasserströmung um die Beine herum und zwischen ihnen. Wie Dir Eulchen Xabi auf Seite 10 erklärt, wirken die Blattfüße wie Kiemen, die Sauerstoff aus dem Wasser aufnehmen und Kohlendioxid abgeben, und deshalb strudeln sie sich ständig frisches Wasser zu. Außerdem können die Krebse mit ihrer Hilfe flink schwimmen. Und schließlich spielen sie auch eine Rolle bei der Nahrungsaufnahme, denn sie strudeln Nahrungsteilchen wie eine Reuse in eine Bauchrinne zwischen den Beinen. Durch Borsten an den Grundgliedern der Beine wird die Nahrung dann während der dauernden Bewegung nach vorn in den Mundbereich geschoben. Am elften Beinpaar tragen Weibchen links und rechts je eine Bruttasche aus umgewandelten Kiemenblättern. Darin reifen die Eier heran.

Auch an den nun folgenden Abschnitten des Hinterleibs stehen ähnlich gebaute, nach hinten immer kleiner werdende Blattbeine, die der Atmung dienen. Insgesamt können Schildkrebse bis zu 80 Beinpaare besitzen. Nur die letzten Abschnitte des Hinterleibs tragen gar keine Beine.

Ähnlich, aber nicht verwand

Pfeilschwanzkrebse leben im Meer und sehen auf den ersten Blick den Schildkrebsen oder Rückenschalern sehr ähnlich. Die Ähnlichkeit trügt jedoch, denn in Wirklichkeit sind Pfeilschwanzkrebse nicht einmal Krebse, sie heißen nur so: Sie zählen zu den Spinnentieren.

Bei diesem Eichener Feenkrebs gut zu erkennen sind die Blattbeinchen mit ihren feinen Borsten. Auch der gegabelte Hinterleibsanhang besitzt Borsten.

Je nach Umweltbedingungen können Feenkrebse leuchtend bunt sein, so wie hier *Eubranchipus hesperius* aus Kanada (oben Weibchen, unten Männchen)

Knallrot leuchten die Eier in der Bruttasche dieses Weibchens von *Eubranchipus bundyi* aus Kanada

Der Riesen-Feenkrebs kann noch deutlich größer werden als auf diesem Bild

Feenkrebse

Die meisten Arten der Feenkrebse sind viel kleiner und zarter als die Rückenschaler. Gewöhnlich werden sie ein bis drei Zentimeter groß. Die kleinsten Arten, etwa die Zwerg-*Branchinella*, bleiben mit rund sechs Millimetern Körperlänge winzig. Die Riesen-*Branchinecta* dagegen kann im Extremfall bis zu 15 Zentimeter Länge erreichen, nach manchen Berichten sogar bis zu 17.

Auch der Körper der Feenkrebse besteht aus Kopf, Vorderkörper und Hinterkörper. Der auffälligste Unterschied zu den Rückenschalern ist, dass sie keinen Schild besitzen, der den Körper bedeckt. Außerdem schwimmen sie im Gegensatz zu den Schildkrebsen stets mit der Bauchseite nach oben – ein Reflex sorgt dafür, dass Feenkrebse normalerweise ihren Bauch dem von oben einfallenden Licht zuwenden. Ihre Augen thronen auf Stielen, die seitlich vom Kopf abstehen.

Bei Feenkrebsen sitzen die meist elf Paare Blattbeine lediglich am Vorderkörper. Einige Arten besitzen zehn, 17 oder 19 Paare. Sie dienen ebenfalls zum Schwimmen, zur Atmung und in den allermeisten Fällen dazu, winzige Nahrungsteilchen mit Borsten aus dem Wasser zu filtern und durch eine Rinne zwischen den Beinen nach vorn in den Mundbereich zu strudeln. Nach dem hintersten Beinpaar, etwa in der Mitte des Hinterleibes, befindet sich bei den Weibchen die Bruttasche. Darin reifen die Eier heran. Die Bruttasche ist je nach Art unterschiedlich gestaltet und gefärbt. Beim Männchen sitzt an deren Stelle ein zweigeteiltes Begattungsorgan, mit dem es die Eier des Weibchens befruchten kann.

Festhalten!

Im Unterschied zu Schildkrebsen sind bei Feenkrebsen die beiden Antennenpaare deutlich ausgebildet. Das erste Paar ist recht dünn und röhrenförmig, bei Weibchen das zweite ebenfalls. Bei Männchen dagegen ist das zweite Paar teils sehr mächtig. Es bildet eine Art Zange, mit der sie das Weibchen bei der Paarung festhalten können. Die bizarren Fortsätze der Antennen von Männchen zumindest mancher Arten passen genau in entsprechende Körpervertiefungen des Weibchens – wie ein Schlüssel in ein Schloss. Dadurch wird sichergestellt, dass sich nur Männchen und Weibchen derselben Art verpaaren.

Bei Feenkrebsen sitzen die Komplexaugen auf seitwärts gerichteten Stielchen

Beim Blick von vorn erkennst Du, dass die Schale der Muschelschaler aus zwei Klappen besteht. Wie bei allen Urzeitkrebsen sind die Blattbeinchen fein beborstet.

Ein Blick von oben auf den Kopf eines Muschelschaler-Männchens. Der mächtige Fortsatz wird Rostrum genannt.

Muschelschaler

Die putzigen Muschelschaler heißen so, weil ihr Körper wie bei Muscheln von einer zweiklappigen Schale geschützt ist. Larven der Glattschwanz-Muschelschaler tragen noch einen Schild, ganz ähnlich wie Rückenschaler. Erst später bildet sich daraus die typische „Muschelschale“. Bei Gefahr verschließen die Tiere ihre Schale fest und sind dadurch vor Angriffen wirkungsvoll geschützt, zum Beispiel von Rückenschalern oder Wasserkäfern.

Muschelschaler können zwischen zehn und 32 Beinpaare besitzen. Bei Männchen tragen das erste oder die beiden ersten Beinpaare klammerartige Fortsätze. Damit halten sie sich bei der Paarung an der Schale des Weibchens fest. So verbunden, schwimmt das „Liebespaar“ durch das Wasser oder liegt auf dem Grund. Ihre Eier tragen die Weibchen zwischen vergrößerten Teilen der Beine und lappenartigen Strukturen, die aus dem Körper wachsen, oder in einem Hohlraum der Schale.

Glattschwanz-Muschelschaler sind mit vier Millimetern Länge oft winzig, die größten Arten werden knapp anderthalb Zentimeter lang. Auch die Rund-Muschelschaler sind mit ihren sieben Millimetern Länge Zwerge. Die meisten Stachelschwanz-Muschelschaler erreichen zwar auch nur rund einen Zentimeter Länge, einige Arten können jedoch bis drei Zentimeter groß werden.

Hier wurde die obere Schalenhälfte entfernt, damit Du den Körper des Muschelschalers *Lynceus mucronatus* erkennen kannst

So viele!

Aktuell kennen wir über 300 Arten von Feenkrebsen, rund 20 Arten von Schildkrebsen, etwa 40 Arten der Glattschwanz-Muschelschaler, über 200 der Krallenschwanz-Muschelschaler und zwei Arten der Rund-Muschelschaler. Allerdings entdecken Wissenschaftler ständig neue Urzeitkrebse!

Einer der größten Muschelschaler weltweit ist *Limnadopsis birchii* aus Australien. Er kann bis zu drei Zentimeter lang werden.

Das auffälligste Merkmal der Glattschwanz-Muschelschaler ist ihr riesiger Kopf – er ist teils größer als der Rest des Körpers. Im Gegensatz zu anderen Muschelschalern können sie ihren Kopf zwischen den Schalen herausstrecken und wieder einziehen. Ihre Komplexaugen sind oft miteinander verschmolzen und liegen – wie auch bei den übrigen Muschelschalern – meist im Stirnbereich des Kopfes.

Die Eier dieses Muschelschaler-Weibchens der Art *Cyzicus mexicanus* schimmern durch die Schale

In solchen Tümpeln im Wald können Frühjahrs-Schildkrebse und kälteliebende Feenkrebse leben

Selbst solche Pfützen auf Felsen können Urzeitkrebsen einen Lebensraum bieten

Überlebenskünstler mit Dauereiern

Früher waren in unseren Städten Straßen und Plätze meist noch nicht wie heute gepflastert oder asphaltiert, sondern unbefestigt – pure Erde. Wenn es regnete, füllten sich Senken mit Wasser. Dann konnte es passieren, dass es nach kurzer Zeit darin von Urzeitkrebsen wimmelte. Das war im Sommer 1821 in Wien in Österreich und 1822 in Breslau (dem heutigen Wrocław in Polen) der Fall. Die Marktfrauen freuten sich darüber und verkauften die großen Rückenschaler sogar als Tierfutter. Wo aber waren die merkwürdig aussehenden Tiere plötzlich hergekommen? Damals ging das Gerücht, sie müssten wohl mit den heftigen Regenfällen vom Himmel gefallen sein.

Nun, vom Himmel gefallen waren die Krebse zwar nicht, aber ganz falsch war der Gedanke dennoch nicht, denn Urzeitkrebse lassen sich unter anderem von Vögeln und vom Wind verbreiten. Wie das funktioniert, erklären das schlaue Eulchen Xabi und ich Dir später.

Das Verblüffende an Urzeitkrebsen ist, dass sie in aller Regel nur in solchen Gewässern auftauchen, die lediglich für kurze Zeit bestehen, den Großteil des Jahres aber ausgetrocknet oder durchgefroren sind. Das können Pfützen sein, die im zeitigen Frühjahr entstehen, wenn der Schnee schmilzt oder eine Eisschicht in der Arktis oder Antarktis sich in flüssiges Wasser verwandelt. Auch wenn heftige Regenfälle oder Überflutungen ausgetrocknete Seebecken, Senken und Felslöcher füllen oder wenn Wiesen überschwemmt werden, bietet sich Urzeitkrebsen ein Lebensraum. Manchmal sind viele Quadratkilometer einer Flussaue, eines Wüstentals oder einer Savanne über-

Wenn sich auf diesem Truppenübungsplatz in Südwestdeutschland in der warmen Jahreszeit Regenlachen bilden, schwimmen darin bald Sommer-Feenkrebse und Sommer-Schildkrebse

Fast alle Gewässer, in denen Urzeitkrebse leben, existieren nur kurzzeitig. Man nennt solche Gewässer auch temporär, ephemer oder astatisch. Wenn sie austrocknen, stirbt alles Leben darin.

Bald schon ist nur noch eine schlammige Fläche übrig. Darin eingebettet siehst Du hier Sommer-Schildkrebse und einen Sommer-Feenkrebs (links unten).

schwemmt, aber manchmal bildet selbst eine tiefe Spur, die ein schweres Fahrzeug wie ein Traktor oder ein Panzer hinterlässt und sich mit Wasser füllt, eine kleine Welt für diese Tiere. Selbst mit einer schmutzigen, schlammigen, nährstoffreichen Viehtränke geben sich einige Arten zufrieden oder als anderes Extrem mit einer glasklaren Lache aus geschmolzenem Schnee im Hochgebirge, in der kaum Nährstoffe vorhanden sind.

Woher aber kommen die Urzeitkrebse denn nun wirklich so plötzlich, wenn für sie geeignete Bedingungen herrschen? Eigentlich kommen sie dann gar nicht erst, sondern sie sind schon längst da! Ihr Geheimnis und ihr Erfolgsrezept sind ihre Dauereier. Aber der Reihe nach.

Da die meisten Gewässer, die sie bewohnen, nur wenige Tage, Wochen oder Monate vorhanden sind, wachsen die Krebse in dieser Zeit extrem schnell heran. Vom Schlupf bis zu dem Zeitpunkt, an dem die Tiere „erwachsen" sind, die Weibchen also Dauereier legen können, vergeht bei den meisten Urzeitkrebsen weit weniger als ein Monat. Im Extremfall braucht es bei manchen Feenkrebsarten vom Schlupf eines Weibchens bis zu seiner ersten Eiablage sogar nur drei bis fünf Tage! In drei Tagen erwachsen – kannst Du Dir das vorstellen?

Sobald die Krebse dazu imstande sind, legen sie so viele Dauereier wie möglich. Denn bald schon ist es vorbei mit ihrem Lebensraum, er trocknet rasch aus. Alle Lebewesen darin vertrocknen und sterben. Im hart werdenden Boden aber liegen dann unzählige Dauereier. Diese werden auch Zysten genannt, denn es sind keine „reinen Eier“, sondern darin hat sich bereits ein Embryo entwickelt. Nun jedoch stoppt er seine Entwicklung. Absolut kein Stoffwechsel ist mehr festzustellen, also keinerlei Lebensregungen wie Atmung. Der Embryo ist sozusagen „tot auf Zeit“. Er wartet, bis sein Lebensraum sich endlich wieder mit Wasser füllt, das die für ihn geeignete Temperatur aufweist. Dann erst entwickelt er sich rasant weiter und schlüpft als sogenannte Naupliuslarve, bei manchen Arten auch als weiter entwickelte Metanaupliuslarve.

Wie kleine Tropfen schlüpfen die Larven des Salzkrebschens aus ihren Zysten

Kurz darauf schwimmen sie zappelnd umher

Der dunkle Fleck ist das Naupliusauge der Larve

Die Naupliuslarven ähneln den fertigen Krebsen noch nicht. Typisch für sie ist ihr einziges, großes Auge, das Naupliusauge. Sie besitzen drei Paare von Gliedmaßen – dabei handelt es sich um die Mandibeln und die beiden Antennenpaare. Damit schwimmen sie anfangs noch mit einem gelblichen Dottersack als „Wegzehrung“ umher. Nachdem der Dottervorrat verbraucht ist, beginnen die Larven, mikroskopisch kleine Algen, andere Einzeller und ähnlich winzige Nahrung zu fressen. Dadurch wachsen sie sehr schnell heran. Sie häuten sich regelmäßig, um größer zu werden und dem Körper mehr Abschnitte hinzufügen zu können. Mit jeder Häutung verändern sie ihre Gestalt, bis die Tiere schließlich ihr endgültiges Aussehen erlangt haben. Sie häuten sich zwar weiterhin und wachsen, ihre Gestalt bleibt nun jedoch ziemlich gleich. Weibchen legen rasch Dauereier, sterben, bei der nächsten Überflutung schlüpfen aus den Dauereiern Jungtiere – und immer so weiter ...

Ein Rückenschaler mit seiner frisch abgestreiften alten Haut

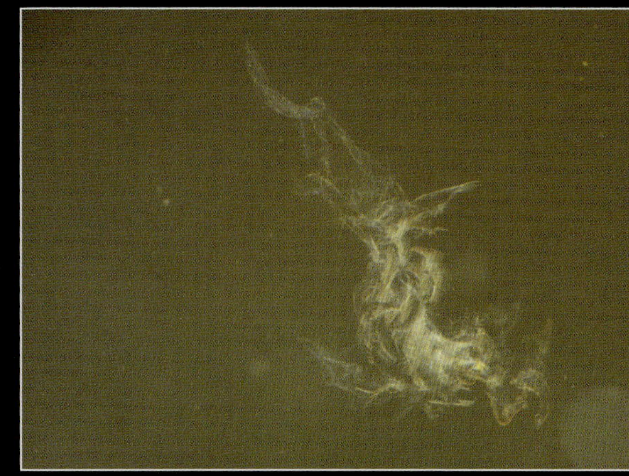

Hier siehst Du die abgestreifte Haut eines Feenkrebses geisterhaft durch das Wasser schweben

Ein Großer Feenkrebs legt seine Eier tief im Bodengrund ab

Die meisten Urzeitkrebse lassen ihre Dauereier einfach auf den Grund fallen. Schildkrebse wühlen sie oft in den Schlamm ein, teils in Gelegen von bis zu 50 Zysten. Manche Schildkrebse heften sie mithilfe einer klebrigen Außenschicht an Moos, andere Pflanzenteile oder Steinchen. Wenige Feenkrebsarten legen ihre Zysten erst gar nicht ab, zum Beispiel Stefanssons Feenkrebs. Sie behalten sie einfach im Körper, bis sie sterben. Dennoch können daraus bei der nächsten Wasserfüllung des Lebensraums Larven schlüpfen. Einige Feenkrebsarten mit besonders langer Bruttasche bohren dessen Spitze etwa einen Zentimeter tief in die Bodenschicht, um die Eier darin abzusetzen. Dazu zählt auch der heimische Große Feenkrebs, den Du in der Illustration links oben bei der Eiablage siehst.

Zysten oder lebende Junge

Der blaue Pfeil zeigt, wie sich Urzeitkrebse normalerweise fortpflanzen: Aus den Dauereiern oder Zysten schlüpfen Naupliuslarven, die sich im Verlauf des Wachstums mehrfach häuten und sich so allmählich zu erwachsenen Männchen oder Weibchen entwickeln.
Die zu den Feenkrebsen gehörenden Salzkrebschen vermögen die Art und Weise ihrer Fortpflanzung jedoch zu ändern, je nach Umweltbedingungen. Scheinen sich die Bedingungen zu verschlechtern, legen sie Zysten ab. Halten aber hervorragende Bedingungen lange an, bringen sie lebende Naupliuslarven zur Welt – das zeigt der grüne Pfeil. Diese können dann direkt heranwachsen und ihrerseits Eier bilden.

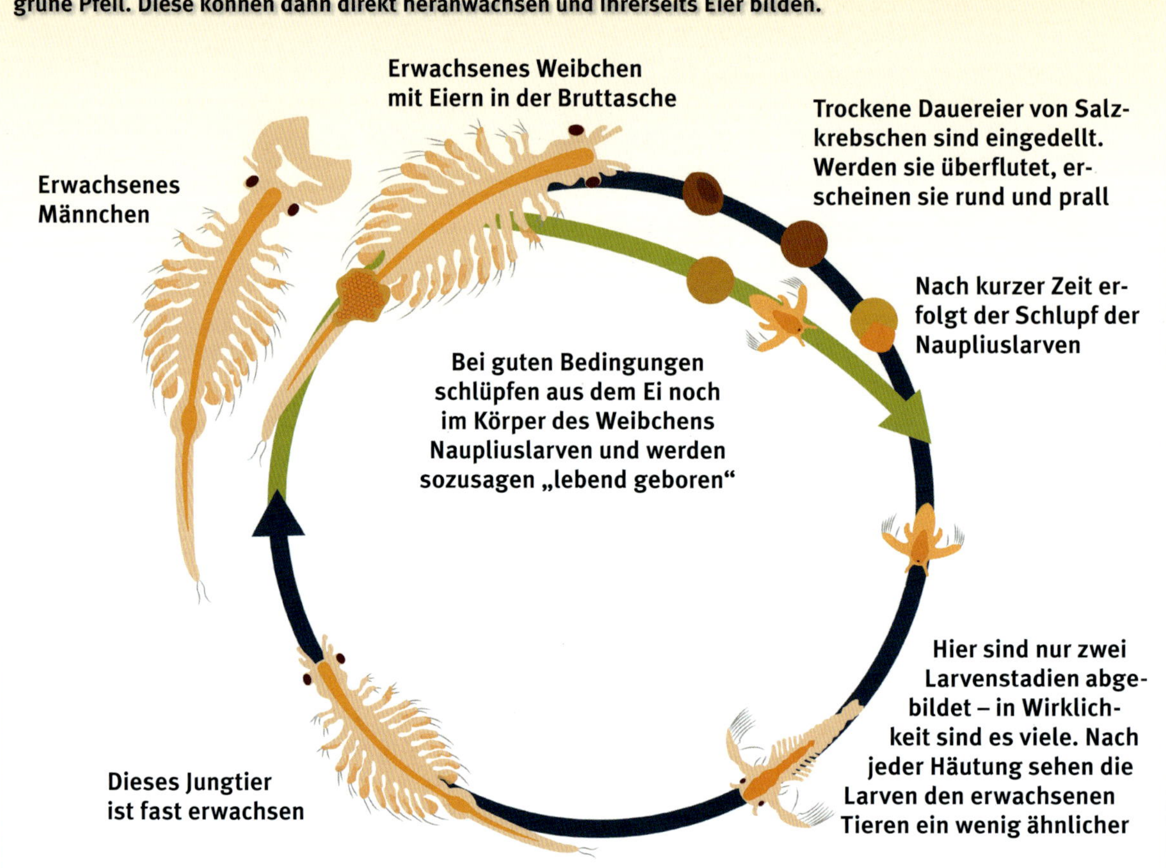

Übrigens muss nicht jedes Jahr eine Generation der Krebse aus den Zysten schlüpfen. Nein, die Dauereier vieler Arten können jahrelang, teils sogar mindestens 20 Jahre im Boden liegen, ohne dass ihnen das schaden würde. Kommen endlich wieder günstige Bedingungen, sind sie bereit und die Larven schlüpfen im Rekordtempo. Dann können sie ihre Gewässer in ungeheurer Zahl besiedeln – 100 oder sogar 200 Exemplare pro Liter Wasser sind möglich. So viele sind es aber meist nur, wenn ein vorher großes Gewässer fast ausgetrocknet ist.

Feenkrebse können einen geeigneten Lebensraum in riesiger Zahl bewohnen

Hier bevölkern Unmengen rötlich gefärbter Salzkrebschen einen See in Kanada

Austrocknen oder gefrieren

Bei den meisten Arten müssen die Zysten erst komplett austrocknen oder gefrieren – liegen sie dagegen dauerhaft im Wasser, schlüpfen keine Larven. Ausnahmen gibt es jedoch, wie den heimischen Sommer- oder Schäffers Feenkrebs, und auch beim Sommer-Schildkrebs kommt es manchmal vor. Vielleicht ist es sogar häufiger, als wir denken – beim Großteil der Arten hat es nur noch niemand erforscht.

Fast unzerstörbar!

Der entscheidende Trumpf der Urzeitkrebse im Kampf ums Überleben sind also ihre Zysten, die Dauereier. Die sind unglaublich robust, fast unzerstörbar. Wissenschaftler haben sie 16 Stunden lang bei 98 Grad Celsius mit fast siedendem Wasser traktiert oder bei minus 210 Grad Celsius eingefroren, mit hohem Druck belastet, mit Säuren verätzt, ultraviolett bestrahlt, ohne Sauerstoff aufbewahrt, in kleinen Behältern an der Außenhaut einer Weltraumstation weit über ein Jahr lang dem Vakuum (luftleerer Raum), starker Strahlung und extremen Temperaturunterschieden von minus 30 bis plus 60 Grad Celsius ausgesetzt – das alles können die Embryonen in den Zysten überleben! Ist das nicht unglaublich?

Dieser Kasten war außen an der Raumstation angebracht. Darin befanden sich Urzeitkrebs-Dauereier. 531 Tage lang waren sie extrem lebensfeindlichen Bedingungen ausgesetzt. Zurück auf der Erde, schlüpften aus manchen Zysten dennoch Larven!

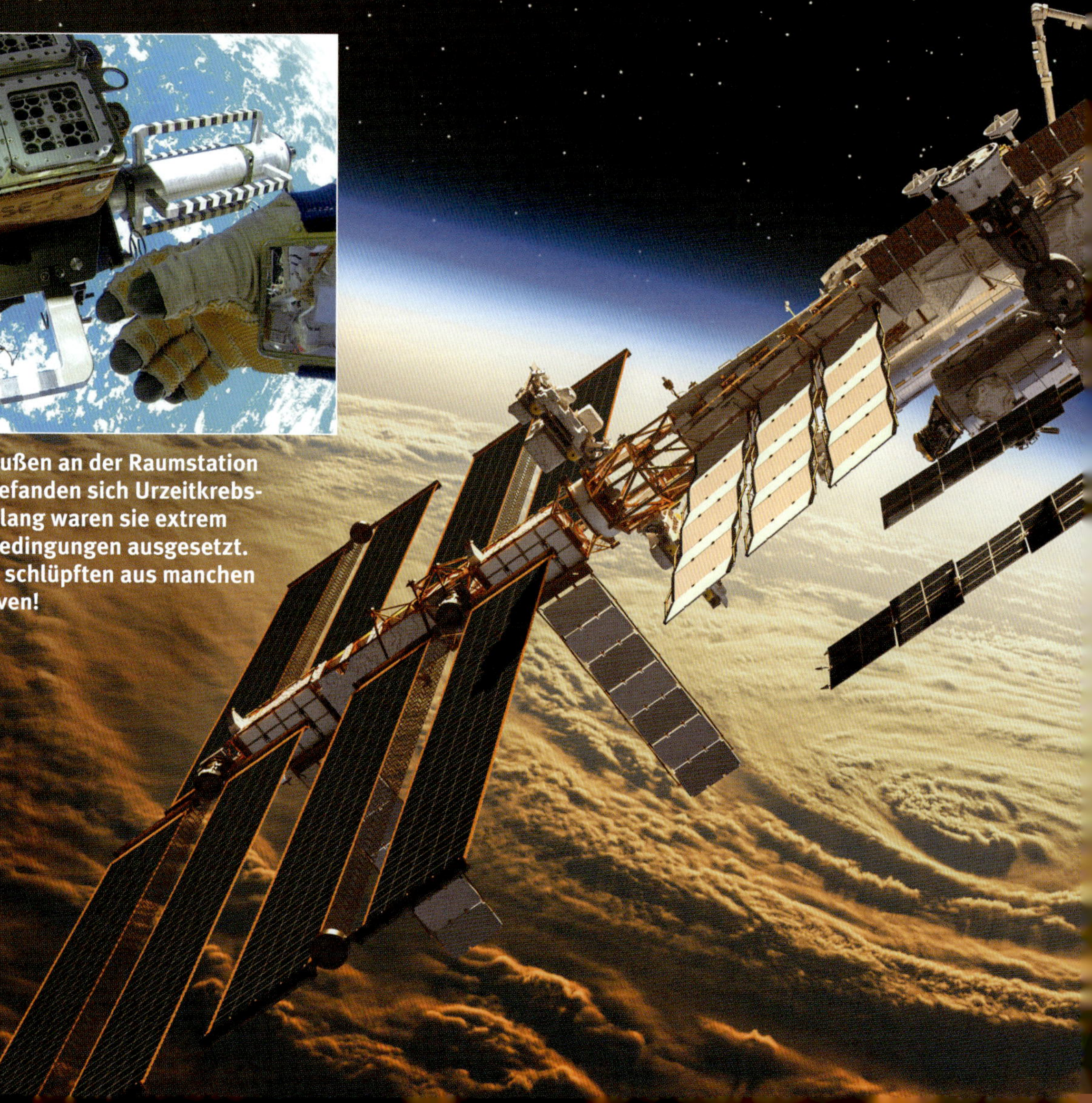

Die Zysten von Urzeitkrebsen wurden darum auch schon als dasjenige Lebensstadium von Tieren bezeichnet, das gegenüber feindlichen Lebensbedingungen am widerstandsfähigsten überhaupt ist. Jetzt verstehst Du auch sicher, wie diese Tiergruppe es geschafft hat, hunderte Millionen Jahre zu überdauern: Urzeitkrebse sind dank ihrer Dauereier durch die Zeit gereist – genau wie Du in der Zeitmaschine!

Selbst aus Zysten, die bei extrem tiefen Minusgraden eingefroren wurden, schlüpften noch Urzeitkrebse

Die Dauereier von Urzeitkrebsen sind unfassbar widerstandsfähig und robust

Tolle Formen

Die Zysten vieler Arten von Urzeitkrebsen sind nicht rund, sondern haben andere Formen. Zudem sind sie außen meist nicht einfach glatt, sondern besitzen Grate, Spitzen und Vertiefungen. Diese bilden oft Vielecke und erinnern manchmal an einen Fußball oder an Bienenwaben. Vielleicht dienen diese „Verzierungen“ dazu, Fressfeinde abzuhalten oder besser an Tieren zu haften, damit die Dauereier leichter verbreitet werden können. Teilweise verankern sich die Dauereier damit auch besser im Untergrund – das ist dort sinnvoll, wo es in weiter Umgebung keine weiteren geeigneten Lebensräume gibt. Denn würden die Dauereier dort „vom Winde verweht“, wären sie einfach verloren. Auf den Fotos siehst Du einige Zysten als Schwarzweißaufnahmen eines Elektronenmikroskops.

An einen Fußball, dem die Luft entwichen ist, erinnert die Zyste des Feenkrebses *Branchinella australiensis*

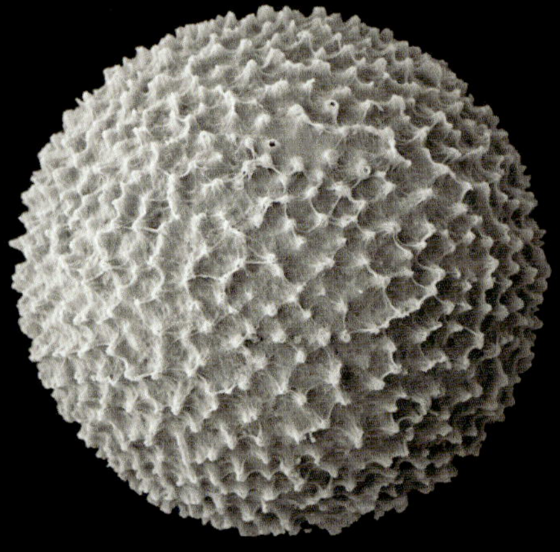

Eine zerklüftete Oberfläche weist die Zyste von *Branchinella lyrifera* auf

Mit vielen Spitzen versehen ist die Oberfläche der Zyste von *Branchinella longirostris*

Die Spitzen enden in winzigen Haken

Das reinste Kunstwerk: die Zyste des Muschelschalers *Limnadopsis pilbarensis*

Merkwürdig geformt ist die Zyste des Muschelschalers *Limnadopsis paradoxa*

Typische Form

Wissenschaftler können anhand der typischen Form einer Zyste und ihrer „Verzierungen“ oft sagen, zu welcher Art sie gehört, auch wenn die Merkmale nicht immer genau gleich sind.

Ähnelt die Zyste des Muschelschalers *Limnadopsis parvispinus* nicht etwas einem von oben betrachteten Autoreifen?

An Samenkörner bestimmter Pflanzen erinnert die Zyste des Muschelschalers *Limnadopsis multilineata*

Ohne Licht geht's nicht!

Eine Senke wird überflutet. Aus den Zysten, die ganz oben auf dem Bodengrund liegen, schlüpfen die Urzeitkrebs-Larven. Aber was ist mit denen, die tiefer im Boden eingebettet sind? Sie werden ja auch nass und könnten „denken", dass sie jetzt schlüpfen sollten. Würden sie das tun, müssten sie allerdings sterben, denn sie könnten ja nicht ins freie Wasser gelangen.

Damit das nicht passiert, haben die Zysten in ihrer Schale einen Farbstoff, der aber auf „Pause" geschaltet ist. Wird die Senke überschwemmt, aktiviert das Wasser ihn wie einen Schalter. Dann reagiert der Farbstoff auf Licht. Liegt die Zyste oben auf dem Boden, erhält sie viel Licht und der Farbstoff signalisiert dem Embryo: „Los geht's!" Ist die Zyste dagegen im Boden vergraben, fällt kein Licht auf sie und der Embryo ruht weiter.

Ans Licht!

Vielleicht durchwühlt ja ein Wildschwein den Boden oder Wind trägt die oberste Sandschicht ab. Tiefer im Boden liegende Zysten kommen dadurch ans Licht – und wenn es dann genügend regnet, sind auch sie endlich an der Reihe!

Selbst bei idealen Bedingungen wie hier ...

... schlüpfen immer nur einige Larven sofort. Andere schlüpfen erst nach längerer Zeit oder sogar im nächsten oder übernächsten Jahr.

Vorsicht ist die Mutter der Porzellankiste

Stell Dir vor, die Bedingungen für den Schlupf scheinen zu passen. Es hat heftig geregnet, Lachen haben sich gebildet, die Temperaturen passen. Schnell schlüpfen die Larven. Aber das Wetter schlägt um. Es wird brütend heiß, innerhalb weniger Tage ist die Wasserstelle ausgetrocknet und mit ihr alles, was darin lebte. Die Krebschen waren noch zu jung, um Zysten zu legen. Tja, das war es dann ja wohl mit den Urzeitkrebsen an dieser Stelle. Oder vielleicht doch nicht?

Wenn sich Urzeitkrebse so leicht geschlagen geben würden, hätten sie sicher nicht die Jahrmillionen überstanden. Damit ihnen so etwas nicht passiert, haben sie noch einen besonderen Trick auf Lager: Selbst wenn die Bedingungen passend erscheinen, schlüpfen längst nicht aus allen Dauereiern die Larven. Manche warten länger – wenn dann alles noch in Ordnung ist, kommen sie dran. Wieder andere schlüpfen nach noch längerer Zeit oder sogar erst, wenn die Stelle wieder austrocknete und dann erneut überschwemmt wurde. Oder wenn das mehrmals passiert ist. Auf diese Weise ist sichergestellt, dass nicht sämtliche Krebschen eines Lebensraums auf ein Mal dem Untergang geweiht sind. Sie haben immer noch eine Reserve in Lauerstellung.

Eine ganze Menge!

Manche Feenkrebse legen offenbar nur ein einziges Mal in ihrem Leben Dauereier. Dazu zählt Schantz' Feenkrebs, der unter anderem im Himalaya-Gebirge in Asien vorkommt. Rund 100 Zysten umfasst ein Gelege dieser Art. Sirindhorns Feenkrebs dagegen kann über 40 Mal Dauereier legen – insgesamt vermag ein Weibchen dieser Art in seinem kurzen Leben über 21 000 Zysten hervorzubringen!

Extreme Bedingungen

Manche Salzseen sind durch Algen, die darin leben, rosa gefärbt. Hier finden Salzkrebschen ideale Lebensbedingungen.

Viele der Lebensräume, die Urzeitkrebse normalerweise bewohnen, weisen extreme und oft schnell wechselnde Bedingungen auf. Wenn tagsüber die Sonne gnadenlos auf eine Lache einer hoch gelegenen Bergebene brennt, wird es darin ungemütlich warm und der Sauerstoffgehalt sinkt. Nachts dagegen fällt dort die Temperatur rapide ab, manchmal bis nahe an den Gefrierpunkt. Wenn es erneut regnet, verdünnt der Niederschlag die Stoffe, die in der Pfütze gelöst sind, die Salze. Verdunstet dagegen das Wasser nach und nach, steigt die Konzentration solcher Salze immer mehr an. Für viele Wassertiere wäre das tödlich – Urzeitkrebse dagegen kommen damit zurecht. Das geht sogar so weit, dass manche Arten sowohl Salzwasser als auch Süßwasser bewohnen können!

Auf diese Weise haben Urzeitkrebse es geschafft, überall dort zu überleben, wo die meisten anderen Wassertiere keine Chance haben. Sie konnten selbst Orte erobern, die absolut lebensfeindlich erscheinen. So kommt Fahimis Feenkrebs in der Wüste Lut im Iran vor, dem heißesten Ort der Erde. An der Erdoberfläche können die Temperaturen dort bis über 78 Grad Celsius ansteigen – unvorstellbar! Und doch schlüpfen Larven, wenn im Frühjahr Regenfälle für Wasserlachen sorgen. In der Atacama-Wüste in Chile, der trockensten heißen Wüste der Welt, leben nach Niederschlägen ebenfalls Urzeitkrebse, nämlich Feenkrebse in salzigen Seen und Lachen.

Die Wüste Lut im Iran ist die heißeste Stelle der Erde. Und doch gibt es selbst hier Urzeitkrebse, wenn sich nach Regengüssen Wasserstellen bilden.

Ist das Eis für kurze Zeit getaut, leben in solchen Wasserstellen in der Antarktis Feenkrebse

Gains Feenkrebse raspeln in Lachen der Antarktis goldgelbe Algen ab

Auch an extrem kalten Orten existieren Urzeitkrebse. So ist der Arktische Frühjahrs-Schildkrebs in den eisigen Gefilden im Norden unseres Planeten weit verbreitet. Gains Feenkrebs dagegen bewohnt selbst das Festland der Antarktis, tief im Süden. Manchmal schwimmt er sogar in Wasser, das unter einer Eisdecke liegt. Diese Kältespezialisten kommen teils in Wasserstellen vor, die niemals austrocknen, sondern im langen Winter völlig durchgefroren sind und nur in der kurzen warmen Jahreszeit flüssiges Wasser führen. Mit ihren etwa anderthalb Zentimetern Länge sind sie sogar die größten Süßwasser-Wirbellosen der Antarktis!

Brushs Feenkrebs teilt sich mit einem winzigen Ruderfußkrebschen einen anderen Rekord. Beide wurden gemeinsam in einer Wasserlache auf 5 946 Metern Höhe gefunden, auf einem Vulkan in Chile. Kein anderes Krebstier kommt in größerer Höhe vor als diese beiden.

Die zu den Feenkrebsen zählenden Salzkrebschen können Wasser besiedeln, das zehnmal so salzig ist wie Meerwasser. Sie sind die einzigen größeren wirbellosen Tiere, die solche Salzseen erobert haben.

Ausnahmen ~~bestätigen~~ widerlegen die Regel

Während also fast alle Urzeitkrebse ausschließlich in Gewässern vorkommen, die nur zeitweise vorhanden sind, haben es einige wenige Arten geschafft, auch dauerhaft bestehende Seen für sich zu erobern. Ein Beispiel dafür ist das Mono-Salzkrebschen, das Salzseen in Nordamerika bewohnt. Voraussetzung dafür ist allerdings, dass in diesen Seen keine Fische oder andere größere Räuber leben, denn für diese wären die Urzeitkrebse ein gefundenes Fressen.

Ausnahmen gibt es aber auch von der gerade genannten Regel, also dass Urzeitkrebse nicht zusammen mit Fischen leben können. Im südostafrikanischen Land Mosambik entstehen in der Regenzeit Tümpel in der Savanne. Du ahnst schon, dass dann dort aus Zysten im Boden rasch Urzeitkrebse schlüpfen. In manchen dieser Tümpel kommen bis zu sechs Urzeitkrebsarten gemeinsam vor. So weit, so gut – so kennst Du es ja von Urzeitkrebsen. Aber woher sollen da auf einmal Fische auftauchen?

Das Männchen des Türkisen Killifischs ist sehr prächtig gefärbt, das Weibchen schlichter

Die Fische gelangen auf eine ähnliche Weise in die Wasserlachen wie die Krebse: Sie schlüpfen aus Eiern, die im Boden lagen! Ja, das gibt es wirklich auch bei Fischen, nämlich den sogenannten Killifischen. Ihre Lebensweise ähnelt verblüffend derjenigen der Urzeitkrebse: Wenn Regenfälle oder Überflutungen ihren Lebensraum unter Wasser setzen, schlüpfen die Jungen aus widerstandsfähigen Eiern. Sehr rasch wachsen sie heran, werden erwachsen und legen ihrerseits Eier ab. Im Extremfall kann das alles beim Türkisen Killifisch in nur zwei Wochen passieren – ein Rekord für Wirbeltiere!

Auch die Embryos von Killifischen entwickeln sich in ihren Eiern bereits auf dem Trockenen – sogar viel weiter als die von Urzeitkrebsen. Wenn Du genau hinschaust, siehst Du hier schon die Augen.

Wenn das Gewässer austrocknet, bleiben die Eier zurück. In der nächsten Regenzeit beginnt alles wieder von vorne. Die Killifische ernähren sich vor allem von den Feenkrebsen, die mit ihnen zusammen vorkommen. Aber offensichtlich schaffen es immer noch genügend Urzeitkrebse, zu überleben und ihre Dauereier abzulegen.

Der Mono-Salzsee in den USA besteht auf Dauer. Dennoch leben darin Salzkrebschen.

So ähnlich macht es auch das Durchsichtige Handköpfchen. Dieser Feenkrebs besiedelt im französischen Pyrenäengebirge Seen, die von Schmelzwasser und Quellen gespeist werden. In der warmen Jahreszeit gelangen junge Forellen in diese Gewässer und jagen die Krebschen. Im Winter jedoch frieren die Seen komplett bis auf den Boden durch, sodass alle Fische sterben. Wenn das Eis im nächsten Frühjahr wieder taut, sind die Gewässer zunächst noch frei von Forellen, sodass die Feenkrebse sich die erste Zeit in Ruhe entwickeln und ihre Zysten ablegen können.

Vielleicht hast Du es Dir schon gedacht: Es gibt sozusagen noch eine „Kombi-Ausnahme“. Wie es sein Name schon verrät, kommt der Arktische Frühjahrs-Schildkrebs in nördlichen Gefilden vor. Dort hat er es geschafft, neben den üblichen „Urzeitkrebs“-Lachen auch dauerhaft bestehende, tiefe Seen zu besiedeln. Aber damit nicht genug: Er kommt darin zusammen mit verschiedenen Fischarten vor! Diese haben ihn zwar auf ihre Speisekarte gesetzt, aber er kann hier trotzdem überleben und sich vermehren.

Das Durchsichtige Handköpfchen (rechts ein Männchen, links ein Weibchen) kommt zeitweise gemeinsam mit jungen Forellen vor

Der Arktische Frühjahrs-Schildkrebs besiedelt teils tiefe Seen, die auf Dauer Bestand haben. Darin überlebt er, obwohl ihm Fische nachstellen.

Werde Urzeitkrebs-Forscher!

Oben kannst Du lesen, dass der Arktische Frühjahrs-Schildkrebs auch in Seen überlebt, in denen ihm Fische nachstellen. Wie er das schafft, wissen wir noch nicht. Vieles, ja wahrscheinlich das meiste rund um Urzeitkrebse ist nämlich noch gar nicht erforscht! Welche besonderen Verhaltensweisen und welche speziellen Anpassungen an ihren Lebensraum zeigt diese oder jene Art, welche Umweltbedingungen genau benötigt sie, warum kommen einige Arten zusammen mit weiteren Urzeitkrebsen vor, andere dagegen nur jeweils alleine? Es gibt viel mehr Fragen als Antworten. Vielleicht erforschst Du ja einmal Urzeitkrebse, wenn Du groß bist, und kannst dann solche Rätsel lösen!

Wenn Urzeitkrebse Hochzeit feiern

Ein Schildkrebs-Männchen umklammert ein Weibchen

Bei den meisten Tieren gibt es Männchen und Weibchen. Auch bei den Urzeitkrebsen ist das in der Regel der Fall. Manche Arten haben aber Möglichkeiten gefunden, selbst dann für Nachkommen zu sorgen, wenn kein Partner vorhanden ist: Bei ihnen gibt es Tiere, die entweder Männchen und Weibchen zugleich sind und ihre Eier daher selbst befruchten können. Oder aber alle beziehungsweise die meisten Tiere der Art sind Weibchen, die sich jedoch durch Jungfernzeugung fortpflanzen können. Das bedeutet: Sie legen Dauereier, aus denen auch ohne Befruchtung Jungtiere schlüpfen.

Der Vorteil bei diesen Varianten ist: Eine einzige Zyste, die in einen neuen Lebensraum gelangt, genügt für die Ausbreitung der Art. Denn wenn das Tier daraus schlüpft und überlebt, kann es selbst eine Menge Dauereier bilden, in denen schon die nächste Generation nur darauf wartet, den Sprung ins Leben zu wagen.

Bei verschiedenen Arten von Feenkrebsen sind es die Männchen, die sich auf die Suche nach einem Weibchen begeben. Haben sie eines entdeckt, nähern sie sich ihm von unten. Um einen Partner zu finden, spielen in klarem Wasser die Augen eine gewisse Rolle. Ob ein Weibchen ein Männchen als Partner akzeptiert, scheint unter anderem von der Form und den Verzweigungen der Antennen abzuhängen. Darüber hinaus nehmen die Männchen jedoch selbst kleinste Mengen von Duftstoffen wahr, die von Weibchen abgegeben werden. Zudem können sie Wasserströmungen orten, die von den Weibchen erzeugt werden. Das alles erinnert fast an einen Hai, der seine Beute aufspürt.

Hat sich ein Salzkrebs-Männchen erst einmal mit seinen Antennen an einem Weibchen festgeklammert, schwimmen beide tage- oder wochenlang vereint umher

Männliche Muschelschaler halten sich an der Schale des Weibchens fest

Zumindest bei manchen Arten sammeln sich Männchen und Weibchen oft an solchen Stellen, die über den Boden des Gewässers hinausragen, beispielsweise einem Ast oder einem Klumpen Lehm. Die Männchen schwimmen im tieferen Wasser um solche „Bergspitzen“ herum und suchen nach einer Partnerin. Auch am Rand seichter Gewässer können sich Paarungsschwärme bilden.

Hier kannst Du die Häkchen erahnen, mit denen sich das Männchen an der Schale des Weibchens befestigt

Ist ein Weibchen paarungsbereit, lässt es den Klammergriff des Männchens mit dessen Antennen zu. Die beiden Tiere schwimmen dann je nach Art sekunden-, minuten-, stunden- oder sogar tage- und wochenlang miteinander vereint umher. Dabei befruchtet das Männchen die Eier des Weibchens. Nach der Befruchtung beginnt im Ei sofort die Entwicklung des Embryos. Gleichzeitig sondern Drüsen des Weibchens Substanzen ab, die in mehreren Schichten den Embryo im Ei bedecken und schützen. Einige der Schichten sind weich wie ein Schwamm, andere hart, fast glasartig. Sie verleihen den Zysten ihre unfassbare Widerstandsfähigkeit. Sind die Dauereier zur Ablage bereit, wandern sie in die Bruttasche. Hat ein Weibchen all seine Zysten abgelegt, bildet es neue Eier, die dann ihrerseits wieder von einem Männchen befruchtet werden können.

Fast wie Hirsche

Trifft ein Männchen des Baumköpfchen-Feenkrebses auf einen Artgenossen, untersucht es mit seinen Antennen, ob es sich um ein Weibchen handelt. Ist das nicht der Fall, umkreisen die beiden Männchen einander Kopf an Kopf, wobei es manchmal zu Stößen kommt – ein bisschen wie bei Hirschen. Wenn es einer der Rivalen schafft, hinter den Kopf des Gegners zu gelangen, rammt er ihn in die Flanke. Meist verliert dasjenige Männchen, dessen Augen näher zusammenstehen, das also kleiner ist, oder das ein-, zweimal gerammt wurde. Der unterlegene Feenkrebs flieht dann.

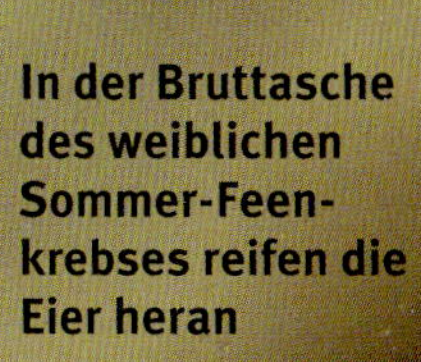

In der Bruttasche des weiblichen Sommer-Feenkrebses reifen die Eier heran

Dauereier von Urzeitkrebsen sind winzig! Hier siehst Du Tausende davon im Größenvergleich zu einer 1-Euro-Cent-Münze.

Clevere Tricks für die Verbreitung

Im vorigen Kapitel hast Du gelesen, dass bei manchen Arten nur eine einzige Zyste in einen neuen Lebensraum gelangen muss, damit die Art sich dort ausbreiten kann. Wie aber kommt sie dort überhaupt hin? Wie breiten sich Urzeitkrebse aus? Denn immer nur dieselbe Pfütze oder denselben Tümpel zu besiedeln, wäre sehr riskant. Schließlich könnte die Stelle mit der Zeit zuwachsen und verlanden, sodass sich hier keine Wasserlache mehr bildet. Das wäre dann das Aus.

Vögel haben es da einfach: Sie fliegen dorthin, wo es ihnen gefällt. Krebse können aber nun mal nicht fliegen. Oder vielleicht doch? Nun, die Zysten, die nach dem Austrocknen der Wasserstelle auf dem Boden liegen, sind so winzig und leicht, dass starker Wind sie ohne weiteres durch die Luft tragen kann. Fallen sie an einer Stelle auf den Boden, an der sich irgendwann ein Gewässer bildet, hat die Art erfolgreich einen weiteren, neuen Lebensraum gefunden.

Dieser Storch lässt sich einen Schildkrebs schmecken

Im Darm von Wasservögeln lassen sich die Zysten in neue geeignete Lebensräume tragen

Aber auch noch auf eine andere Weise vermögen die Zysten durch die Luft zu reisen: Im Magen und Darm von Vögeln wie Enten und Watvögeln! Die haben Urzeitkrebse nämlich zum Fressen gern und verleiben sie sich in oft hoher Zahl ein. Wie Du weißt, sind die Zysten jedoch extrem widerstandsfähig. Das gilt auch gegenüber den Verdauungssäften der Vögel: Die Dauereier durchlaufen den Verdauungstrakt unbeschadet, und wenn der Vogel irgendwo in einem anderen, ähnlichen Gewässer sein Geschäft verrichtet, vielleicht viele Kilometer vom ersten entfernt, dann können aus den Zysten Jungtiere schlüpfen. Aus gefressenen und wieder ausgeschiedenen Dauereiern schlüpfen sogar mehr Larven als aus unverdauten!

Selbst auf fernen Inseln!

Tatsächlich haben Urzeitkrebse es durch all die verschiedenen „Reisemöglichkeiten" geschafft, Lebensräume auf der ganzen Welt zu besiedeln, auf allen Kontinenten und selbst auf weit abgelegenen Inseln mitten im Ozean.

Die Bruttasche mancher Feenkrebse scheint regelrecht zu leuchten. Soll das Vögel auf sie aufmerksam machen, damit sie die Krebschen fressen und ihre Dauereier verbreiten?

Könnte es da nicht sogar sein, dass weibliche Feenkrebse von Vögeln gefressen werden „wollen"? Wenn Du nämlich einmal Gelegenheit hast, solche Krebschen zu beobachten, fällt Dir bestimmt auf, dass sie als Jungtiere fast unsichtbar sind. Ihr Körper ist meist durchsichtig, sodass Du sie nur schwierig überhaupt erkennen kannst – das gilt natürlich auch für Fressfeinde. Wenn die Weibchen jedoch Zysten tragen, schillert ihr Eibeutel oft in allen Regenbogenfarben, er scheint regelrecht von innen heraus zu leuchten. Diese auffällige Farbenpracht könnte als Köder auf Vögel wirken: „Komm her, friss mich ruhig – und trage meine Eier in neue, weit entfernte Lebensräume!"

Für Urzeitkrebse ist es unheimlich praktisch, dass sie als Zysten im Verdauungstrakt von Vögeln in neue Lebensräume fliegen können. Aber die Vögel haben auch etwas davon, denn Urzeitkrebse sind eine wichtige Nahrung für viele Vogelarten. Indem sie die Zysten in neue Gebiete bringen, sorgen sie gleichzeitig dafür, dass sie auch dort künftig etwas zum Fressen finden.

Nicht nur in Vögeln reisen die Zysten auf diese Weise, sondern auch in anderen Fressfeinden wie Fröschen, Salamandern, Krebsen, Wasserkäfern und – wenn sie gemeinsam vorkommen – Fischen. Du siehst: Jede Menge Tiere haben Urzeitkrebse auf ihrer Speisekarte, aber viele helfen ihnen auch dabei, sich auszubreiten.

Räuberische Wasserkäfer verbreiten die Zysten von Urzeitkrebsen, die sie gefressen haben

Die Larve eines Gelbrandkäfers hat einen Feenkrebs erbeutet

Auch im Schlamm, der an Vögeln oder Säugetieren haften bleibt, können die Zysten von Urzeitkrebsen zu neuen Lebensräumen getragen werden

Eine Reise *in* Tieren ist die eine Sache, eine Reise *an* Tieren kann aber ebenfalls eine gute Lösung sein. Wenn Vögel oder Säugetiere – ob Wildtiere wie Wildschweine oder Vieh wie Kühe – in den Matsch der Urzeitkrebs-Lebensräume treten, um dort zu trinken oder sich darin zu suhlen, bleibt Schlamm an ihren Federn oder dem Fell kleben. Die Zysten darin tragen die Tiere dann in neue Gebiete.

Außerdem werden die Dauereier auch durch fließendes Wasser in andere Gegenden geschwemmt. Wenn etwa ein Fluss über die Ufer tritt und dabei einen Lebensraum von Urzeitkrebsen überflutet, können die Zysten mit der Strömung weit flussabwärts getragen werden.

Rosa dank Urzeitkrebsen

Flamingos ernähren sich von allerhand kleinen Lebewesen, die sie mit ihrem besonders gebauten Schnabel aus dem Wasser filtern. In Europa und manchen anderen Regionen der Welt stehen vor allem Salzkrebschen auf ihrer Speisekarte – und diesen Tierchen sowie ähnlicher Nahrung verdanken sie ihre rosa Farbe! In Zoos bekommen sie einen Farbstoff namens Carotin über ihr Ersatzfutter gestreut, denn ohne Salzkrebschen, rötliche Algen und andere typische Nahrung wären Flamingos einfach weiß.

Die Speisekarte der Urzeitkrebse

Wenn eine Senke sich mit Wasser füllt und darin die Urzeitkrebs-Larven schlüpfen – was bitte schön sollen die Tierchen denn fressen? Im Wasser gibt es doch praktisch noch nichts, außer Bakterien, einzelligen Algen, die rasch heranwachsen, und winzigsten Einzellern. Nun, genau das ist die Nahrung nicht nur der Larven, sondern auch der meisten erwachsenen Urzeitkrebse! Sie filtern einfach ohne Unterschied alles aus dem Wasser heraus, was entsprechend winzig ist. Größere Teilchen können sie meist nicht verwerten. Je länger die Wasserstelle Bestand hat, umso mehr Nahrhaftes schwebt im Wasser.

Die meisten Urzeitkrebse filtern Algen, tierische Einzeller und ähnliche winzige Nahrung aus dem Wasser

Muschelschaler filtern schwimmend oder am Grund liegend Nahrungsteilchen aus dem Wasser

Friedliche Filtrierer

Muschelschaler liegen je nach Art meist am Grund des Gewässers, sind sogar etwas im Schlamm eingegraben oder schwimmen im Wasser, um dort nährstoffreiche Algen, Einzeller und Ähnliches herauszufiltern. Schwimmen können sie vor allem mithilfe kräftiger Schläge ihrer Antennen.

Auch den Muschelschalern dienen ihre Blattbeinchen als Filter für die Nahrung

Hier frisst ein junger *Triops* an einem toten Feenkrebs

Wühlende Allesfresser

Sozusagen die Wildschweine unter den Urzeitkrebsen sind die Rückenschaler. Als Jungtiere ernähren sie sich noch überwiegend als Filtrierer. Je älter sie werden, umso mehr halten sie sich am Boden auf. Mit der Vorderkante ihres Schildes durchpflügen sie den Schlamm wie ein Wildschwein mit seiner Nase – manche Arten mehr, zum Beispiel der Sommer-Schildkrebs, manche weniger, etwa der Frühjahr-Schildkrebs.

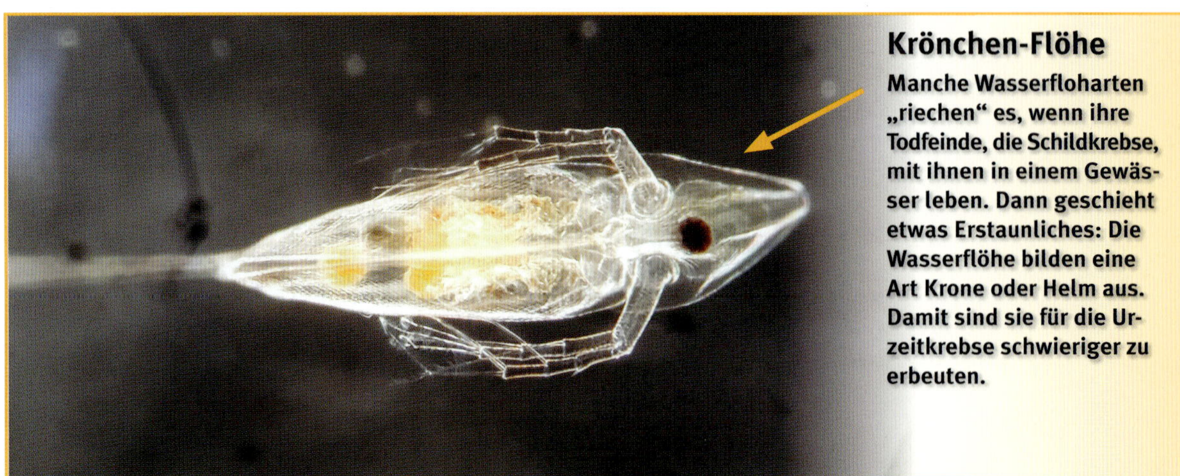

Krönchen-Flöhe

Manche Wasserfloharten „riechen“ es, wenn ihre Todfeinde, die Schildkrebse, mit ihnen in einem Gewässer leben. Dann geschieht etwas Erstaunliches: Die Wasserflöhe bilden eine Art Krone oder Helm aus. Damit sind sie für die Urzeitkrebse schwieriger zu erbeuten.

Alles, was fressbar ist, verleiben sie sich ein. Das können Algen und lebendes oder totes Pflanzenmaterial sein, eigene Dauereier oder Eier anderer Tiere, beispielsweise von Wasserflöhen, aber sie scheuen auch vor Aas nicht zurück, wie einem toten Regenwurm. Außerdem ernähren sie sich räuberisch, indem sie kleine Krebstierchen wie Wasserflöhe, im Wasser lebende Insekten und deren Larven sowie andere kleine Lebewesen mit ihren bekrallten Vorderbeinen ergreifen und mithilfe der kräftigen Kiefer zerkauen. Ab und zu erbeuten sie selbst größere Tiere wie Kaulquappen und Feenkrebse – oder einen frisch gehäuteten Artgenossen.

Ihr Appetit ist enorm. Pro Tag können sie bis zu 40 Prozent des eigenen Körpergewichts vertilgen. Wenn Du ungefähr 35 Kilogramm wiegst, müsstest Du jeden Tag 14 Kilogramm Nahrung aufessen, um es einem Schildkrebs gleichzutun!

Rückenschaler wie dieser Sommer-Schildkrebs durchwühlen auf der Suche nach Nahrung den Schlamm

Mit der Vorderkante ihres Schildes bohren sich Rückenschaler manchmal in den Schlamm – fast wie ein Wildschwein mit seiner Nase

Nebeltaktik

Wenn Schildkrebse am Gewässerboden nach Nahrung suchen, wühlen sie dabei den Schlamm auf. Dadurch wird das Wasser undurchsichtig trübe – ein prima Schutz für sie selbst und ihre Mitbewohner gegen Fressfeinde, die darin nach Beute suchen.

Feenkrebse schwimmen unermüdlich durch ihren Lebensraum. Dabei filtern sie Fressbares aus dem Wasser.

Harmlose Feen und unersättliche Räuber

Feenkrebse schwimmen unermüdlich durch ihren Lebensraum, angetrieben vom wellenförmig wandernden Schlag ihrer Beine. Er bringt sie nicht nur voran und sorgt für frischen Sauerstoff, sondern strudelt auch winzige Nahrungsteilchen heran. Diese werden dann durch die Rinne zwischen den Beinen nach vorn weitergereicht, zum Mund. Manche Feenkrebse raspeln auch Nahrung wie Fadenalgen oder verrottendes Material samt den darin hausenden Kleinstlebewesen vom Boden ab, von Steinen, dem Falllaub am Grund oder Ästen, die im Wasser liegen. Sie knabbern an Moos, das ins Wasser wächst, oder wirbeln den Grund auf, um danach aus der Schlammwolke Fressbares herauszufiltern. Bei einigen Arten raspeln nur Männchen am Boden, während die Weibchen ausschließlich Nahrung aus dem freien Wasser filtern.

Von vielen Arten wissen wir noch gar nicht, was genau sie fressen und auf welche Weise. Nur bei manchen gelangen bisher entsprechende Beobachtungen. So kratzt Gains Feenkrebs in der Antarktis mit Fortsätzen seiner Beine Stücke von verrottendem Material und Algen vom Boden. Solche Happen können die halbe Körperlänge des Krebses messen. Diese trägt er dann mit sich umher, um sie mit den Kiefern zu zerdrücken und in den Verdauungskanal zu schieben. Auf die gleiche Weise macht er sich an toten Artgenossen zu schaffen.

Einige Arten der Feenkrebse ernähren sich jedoch auch von tierischer Beute wie Wasserflöhen – oder sogar den eigenen Larven. Beim Sudan-Feenkrebs etwa schlüpft rund ein Drittel der Nauplien sehr schnell aus abgelegten Zysten, also ohne eine Trockenpause. Wenn allerdings schon viele erwachsene Artgenossen im Tümpel schwimmen, filtern diese die Larven komplett heraus. Das erscheint Dir vielleicht grausam, aber auf diese Weise sorgt die Art dafür, dass nicht auf einmal so viele Krebse den Lebensraum bevölkern, dass nicht mehr genug zu fressen da ist und alle sterben müssen. Zudem legen Sudan-Feenkrebse, die außer Algen auch eigene Larven gefuttert haben, anschließend ein Drittel mehr Dauereier. Insgesamt nützt diese Strategie der Art also.

Manche Feenkrebse fressen ab einer gewissen Größe zwar ebenfalls kleine Tierchen, jedoch mit Abstand am liebsten andere Feenkrebse. Zu diesen aggressiven Räubern gehören der Wilde Feenkrebs, der erst 2006 entdeckte Zupackende Feenkrebs und der Riesen-Feenkrebs. Sie alle zeichnen sich durch ihre besondere Größe aus. Als gefährliche, schier unersättliche Fressfeinde anderer Feenkrebse vertilgen sie große Mengen davon. Ihr Körperbau ist daran angepasst, Beute zu fangen: So sind beim Zupackenden Feenkrebs die ersten vier Beinpaare viel größer als die restlichen und stark gekrümmt. Sie werden nicht zum Schwimmen benutzt, sondern seitlich ausgestreckt und dienen allein dem Ergreifen der Beute. Haben sie ein Opfer erfasst, krümmen sie sich regelrecht darum, um es festzuhalten. Die Tiere können sogar mehrere erjagte Feenkrebse zugleich in ihren Fangbeinen tragen. Mit ihren starken Kiefern beißen sie zu, töten auf diese Weise die Beute und zerkauen sie. Wenn sie satt sind, tragen sie eine neue Beute oft zuerst stundenlang umher, bevor sie sich schließlich über diesen Vorrat hermachen.

Der Wilde Feenkrebs lebt auch räuberisch und erbeutet beispielsweise im Wasser lebende Insektenlarven

Große Exemplare des Riesen-Feenkrebses …

Fast wie ein Greifvogel stürzen sich große Exemplare des Westlichen Feenkrebses auf kleinere Feenkrebse: Sie drehen sich so, dass die normalerweise oben liegende Bauchseite nach unten zeigt, und drücken das Opfer zu Boden. Dann steigen sie mit der Beute zwischen den Kiefern wieder ins freie Wasser auf. Hier können sie den leckeren Happen dann in aller Ruhe verzehren.

… fressen am liebsten Feenkrebse anderer Arten

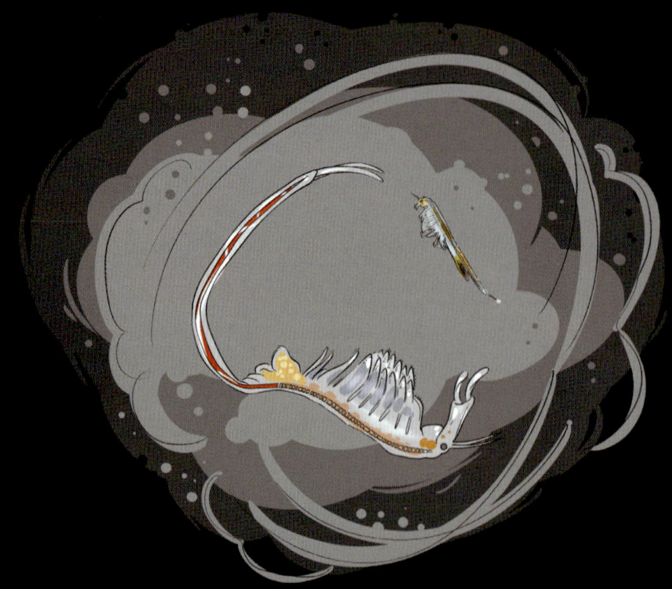

Mit gekrümmtem Hinterleib dreht der hungrige Riesen-Feenkrebs Loopings. Berührt er dabei kleine Feenkrebse, schnappt er blitzschnell zu.

Hier hat ein Riesen-Feenkrebs einen kleinen Feenkrebs erbeutet

Beim Zupackenden Feenkrebs haben Forscher auch noch weitere Jagdstrategien beobachtet. Manchmal legen sich diese Tiere mit dem Rücken auf den Grund, wobei ihr Hinterleib nach oben zeigt und die „Schwanzfäden“ etwas abgespreizt sind. Berührt ein anderer Feenkrebs sie oder spüren sie die Wasserströmung, die von ihm ausgeht, stürzen sich die Räuber auf ihre Beute. Bei anderer Gelegenheit drehen sich Zupackende Feenkrebse um, sodass die Bauchseite nach unten zeigt, und kriechen über den Boden, um dort Beute aufzuspüren. Wenn ihnen das nicht gelingt, schleudern sie große Mengen Schlamm ins freie Wasser. Dabei stöbern sie auch kleine Insektenlarven oder Krebstierchen auf, die im Boden verborgen waren, und können sie dann angreifen.

Räuberische Feenkrebse kommen oft in sehr trübem Wasser vor. Ihre Augen nützen ihnen dort wenig und sind deshalb sehr klein. Die Beute finden sie meist, indem sie diese zufällig beim Umherschwimmen berühren. Aber auch die Wasserströmung, die von anderen Feenkrebsen ausgeht, können sie aus nächster Nähe orten. Dabei helfen ihnen ihre besonders langen „Schwanzfäden“. Fühlt sich ein Beute-Feenkrebs durch einen solchen Raub-Feenkrebs bedroht, stellt er manchmal alle Bewegungen ein – sein Feind kann ihn dann meist nicht mehr ausmachen.

Urzeitkrebse und der Mensch

Salzkrebschen lassen sich in gewaltigen Mengen züchten

Seit Jahrzehnten wird immer mehr Nahrung für uns Menschen in Zuchtfarmen im Meer erzeugt. So werden viele Speisefische und -krebstiere direkt vor der Küste in Bereichen gehalten, die mit Netzen „eingezäunt" sind. Man nennt das Aquakultur. Das ist auf der einen Seite gut, denn dadurch können viele Menschen mit wertvollem Eiweiß versorgt werden. Außerdem hilft es, dass weniger wild lebende Tiere aus dem Meer gefischt werden müssen. Auf der anderen Seite ist es schlecht, weil Abfallstoffe in das Meer gelangen, ebenso wie Reste von Medikamenten, die überreichlich eingesetzt werden, damit die Tiere nicht krank werden. In jedem Fall aber setzt die Aquakultur jedes Jahr mehrere Milliarden Euro um, unzählige Menschen leben davon.

Das wäre ohne Urzeitkrebse nicht möglich, denn die Larven der Fische und Krebstiere, die man auf den Farmen züchten möchte, brauchen Unmengen winziger, lebendiger Futtertiere. Und hier kommt vor allem das Mono-Salzkrebschen ins Spiel, ein Feenkrebs. Massenhaft werden seine Zysten weltweit geerntet und an die Zuchtfarmen verkauft – jedes Jahr rund dreitausend Tonnen! Die Züchter vor Ort müssen dann nur noch die Larven des Salzkrebschens erbrüten und verfüttern.

Hier werden Salzkrebschen massenhaft als Futtertiere für Fische und Krebse vermehrt

In riesigen Teichen an Land oder wie hier in Netzen im Meer werden für die Ernährung des Menschen Fische und Krebse gezüchtet

Mittlerweile sind daher überall auf der Welt Betriebe entstanden, in denen Salzkrebschen zu diesem Zweck vermehrt werden. Selbst in Deutschland gibt es so eine Salzkrebschen-Zuchtfarm. Zur Vermehrung dieser Feenkrebse eignen sich auch solche Becken, in denen eigentlich durch Verdunstung von Meerwasser Salz gewonnen werden soll – die Krebschen sind dann ein prima zusätzlicher Verdienst. Züchter von Aquarienfischen sind ebenfalls auf dieses Salzkrebschen angewiesen, um ihre Jungtiere damit aufzuziehen.

Leider hat es sich allerdings gezeigt, dass das Mono-Salzkrebschen sich sehr leicht anderen, heimischen Arten gegenüber durchsetzen und diese verdrängen kann. In Europa, Asien, Afrika und Australien ist das bereits geschehen. Besser wäre es daher, nur heimische Feenkrebsarten als Futter zu verwenden. In Thailand und in Brasilien wird das teilweise schon mit Süßwasser-Feenkrebsen versucht, in Australien mit dort heimischen Salzkrebschen, aber noch lassen sich die Mono-Salzkrebschen leider nur zu einem ganz geringen Teil ersetzen.

Die Artemien, wie Salzkrebschen auch genannt werden, sind zudem sehr wichtig für Forscher verschiedener Wissenschaften. An ihnen lassen sich viele neue Erkenntnisse über alle möglichen Aspekte des Lebens gewinnen.

Forscher arbeiten ständig daran, die Qualität der Naupliuslarven und die Zuchtmethoden zu verbessern

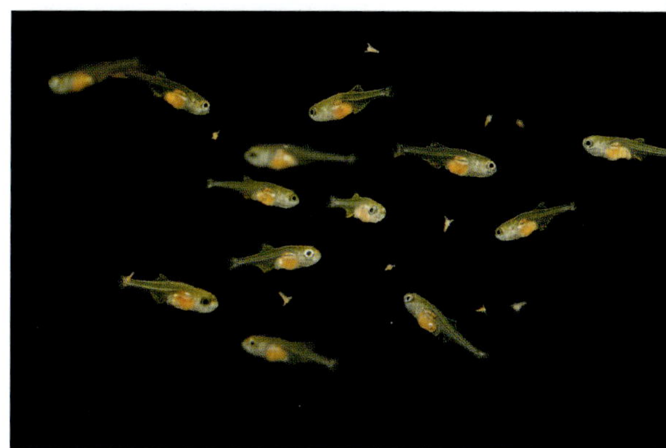

Auch für die Aufzucht von Aquarienfischen spielen die Krebschen eine wichtige Rolle

In Reisfeldern herrschen prima Bedingungen für Urzeitkrebse

In manchen Ländern, in denen Urzeitkrebse vorkommen, wurden sie von den dort lebenden Menschen auch gerne gegessen, so von Indianern in Nordamerika oder von den Dawada, einem Volk in Libyen in Nordafrika. Teilweise wird diese Tradition wiederentdeckt, so etwa in Thailand.

Ein wunderbarer Lebensraum für manche Urzeitkrebse sind Reisfelder. Die Landwirte überfluten ihre Äcker, um das wertvolle Getreide dort anzubauen, und lassen das Wasser zur Ernte wieder ab – perfekte Bedingungen für die Krebse! Wird der Reis in Form von Körnern ausgesät, machen sich Rückenschaler allerdings daran zu schaffen: Sie knabbern an den Körnern und den keimenden Pflanzen, buddeln diese aus und benagen die Wurzeln. Da sie beim Wühlen im Schlamm das Wasser eintrüben, gelangt zudem nicht mehr so viel Licht zu den Keimlingen, die dadurch schlechter wachsen.

Sind die Reispflanzen aber erst einmal größer oder werden direkt junge Schösslinge eingesetzt, wie in vielen asiatischen Ländern, dann sind die Schildkrebse sehr nützlich. Denn jetzt fressen sie Keimlinge von „Unkraut", die dem Reis schaden könnten, oder graben sie aus, sodass sie keine Wurzeln schlagen können.

Rückenschaler können in solchen Feldern als Schädling oder als Nützling in Erscheinung treten – je nach Anbaumethode und Wachstum der Pflanzen

Am Meer wird an vielen Orten auf der Welt in riesigen Becken Wasser verdunstet. Zurück bleibt das kostbare Salz. Auch dabei helfen Urzeitkrebse: Salzkrebschen besiedeln solche Becken in oft gewaltigen Mengen. Jedes davon filtert täglich zig Millionen Teilchen aus dem Wasser. Dadurch wird das Wasser klarer: Mehr Licht kann den Boden erwärmen, sodass das Wasser schneller verdunstet. Dank der Krebschen lässt sich das Salz also viel rascher ernten.

In großen Becken verdunstet Meerwasser. Zurück bleibt Salz. Salzkrebschen helfen dabei, dass dies schneller geht.

Schutz vor Plagegeistern

Wer sich außer Urzeitkrebsen noch gerne in Wasserlachen tummelt, das sind die Larven von Stechmücken. In gewaltigen Mengen können sie darin heranwachsen. Wenn sie nach ihrer Verwandlung als Mücken ausfliegen, peinigen sie Mensch und Tier und übertragen gefährliche Krankheiten. Rückenschaler helfen uns dabei, diese Quälgeister in Schach zu halten, denn sie erbeuten die nahrhaften Larven.

Hier drängen sich Salzkrebschen am Rand eines Beckens, das der Gewinnung von Salz dient

Bedrohte Überlebenskünstler

Selbst solche Feuchtgebiete wie die oben und unten, die nur zeitweise bestehen, sind unglaublich wichtig für Urzeitkrebse und unzählige andere Tierarten, zum Beispiel Wasservögel, Amphibien und Säugetiere

Feuchtgebiete sind unglaublich wichtige Lebensräume – selbst dann, wenn sie nicht das ganze Jahr über bestehen. Unzählige Tier- und Pflanzenarten sind darauf angewiesen. Und alles hängt mit allem zusammen! Im Fall der Urzeitkrebse etwa: Zugvögel müssen auf ihrer Reise rasch möglichst viel Nahrung aufnehmen können. Die Krebschen kommen ihnen da als wahre Protein- und Fettbomben gerade recht. Auch viele andere Tiere ernähren sich von den Urzeitkrebsen, zum Beispiel Wasserkäfer und Insektenlarven, wie Du schon weißt.

Viele Urzeitkrebs-Arten sind nur aus einem einzigen Lebensraum bekannt. Wird dieser plattgemacht, weil darauf gebaut werden soll, dann könnte die Art dadurch zum Aussterben verurteilt sein.

Gebiete und Stellen, an denen kurzfristig Gewässer entstehen können, werden jedoch immer seltener – der Mensch zerstört sie, indem er das Gelände für seine Zwecke nutzt. Wir bauen dort Städte oder Straßen, wollen Nutzpflanzen ernten oder entwässern den Boden, damit Vieh grasen kann. Oder umgekehrt füllen wir Senken dauerhaft mit Wasser, damit Kühe eine Tränke finden oder Speisefische sich darin vermehren. Flüsse werden begradigt und eingedämmt, sodass sie die Auen nicht mehr überfluten können. In manchen Ländern und Regionen haben wir auf diese Weise bereits die Hälfte, 70, 80, ja, 98 Prozent dieser wertvollen Lebensräume vernichtet!

Im selben Gewässer wie Sommer-Feenkrebs und Sommer-Schildkrebs entwickeln sich die Kaulquappen beispielsweise der Kreuzkröte oder der Wechselkröte, die Du hier siehst

Völlig unscheinbare Lachen können wertvolle Lebensräume sein

Ein großer Teil der bekannten Urzeitkrebsarten wurde nur an einer einzigen Stelle auf der Welt gefunden, nirgends sonst, und einige sogar nur ein oder zwei Mal. Von manchen dieser Fundorte ist bereits bekannt, dass sie zerstört wurden – und mit ihnen wurde vielleicht die seltene Tierart für immer vernichtet. Oft wissen die Menschen gar nicht, dass eine simple Pfütze der Lebensraum für eine stark bedrohte Art ist. Es kann dann zum Beispiel passieren, dass ein Bauer eine lästige, jedes Jahr nasse Senke auf seinem Acker zuschüttet – ganz ohne böse Absicht.

Dazu kommen weitere Bedrohungen, die vom Menschen ausgehen. So etwa Dünger und Gifte, die wir auf die Felder sprühen, Fische und fremde Urzeitkrebse, die wir dort aussetzen oder dorthin verschleppen, wo sie eigentlich nichts zu suchen haben, Schmutz und Öl, die von Straßen in die Gewässer gespült werden, oder der Klimawandel: Wenn es nämlich immer heißer und trockener wird, füllen sich viele Senken nicht mehr ausreichend lang, damit darin Urzeitkrebse aufwachsen und sich vermehren können, bevor der Tümpel wieder austrocknet. Und mit den Urzeitkrebsen verschwinden seltene Amphibien, Vögel und viele andere Tiere!

In Deutschland ist von den zwölf Arten, die hier in den letzten Jahren und Jahrzehnten vorkamen, eine bereits ausgestorben, alle anderen sind stark gefährdet oder vom Aussterben bedroht.

Bitte nicht pinkeln!

Selbst kuriose Ursachen können Urzeitkrebse gefährden. So wurde der Bestand einer seltenen Urzeitkrebsart auf dem berühmten Inselberg Ayers Rock in Australien wohl dadurch ausgelöscht, dass viel zu viele Touristen dort oben ihr Geschäft verrichtet haben. In derart verschmutztem Wasser konnten die Krebschen nicht mehr leben.

Wo das Militär Truppenübungsplätze nicht mehr nutzt, sorgen Naturschützer mit Panzern oder anderen schweren Fahrzeugen dafür, dass der Boden verdichtet wird und nicht zuwächst

In manchen Ländern stehen zwar einige Arten unter Schutz, auch in den deutschsprachigen. So wurde 1982 in Österreich das erste Schutzgebiet für Urzeitkrebse weltweit eingerichtet. Insgesamt aber passiert in dieser Hinsicht viel zu wenig. Wir müssen erkennen, wie wichtig zeitweise bestehende Gewässer für Urzeitkrebse sowie unzählige andere Tierarten sind – und wir müssen solche Lebensräume auf Dauer schützen!

Allerdings hat der Mensch nicht nur vielfältige Bedrohungen für Urzeitkrebse geschaffen. Er hat auch dazu beigetragen, dass Lebensräume für Urzeitkrebse überhaupt erst entstanden – und in vielen Fällen hat er sie auch überhaupt erst dorthin verschleppt. Viele Vorkommen in Deutschland und anderen Ländern sind nämlich von Orten bekannt, die der Mensch nutzte oder noch nutzt: Lehm- und Kiesgruben etwa und Übungsgelände des Militärs. Durch die Maschinen und die schweren Fahrzeuge, die dort zum Einsatz kommen, entstehen Vertiefungen mit verdichtetem Boden. Darin kann sich das Wasser lange halten. Und im Schlamm, der an solchen Fahrzeugen hängen bleibt, wurden die Dauereier sehr wahrscheinlich von einem Truppenübungsplatz zum nächsten verbracht.

Hört die Nutzung auf, beispielsweise wenn das Militär abzieht, dann wachsen solche Gebiete mit der Zeit vollständig mit Pflanzen zu und sind für Urzeitkrebse damit wertlos geworden. In diesem Fall ist eine sinnvolle Schutzmaßnahme also, das Gelände regelmäßig weiterhin mit Panzern oder anderen schweren Fahrzeugen zu befahren. Erstaunlich, oder?

Urzeitkrebse in der Natur beobachten

Urzeitkrebse in der Natur zu finden, ist gar nicht so einfach. Du kannst allerdings bei Deiner örtlichen Naturschutzgruppe fragen, ob und wo es in Deiner Region Vorkommen gibt. Dann musst Du natürlich auch noch den richtigen Moment erwischen, wenn alles passt und wirklich Krebse geschlüpft sind. Manche Vorkommen sind recht regelmäßig zu bestaunen, zum Beispiel das des Eichener Kiemenfußes im Eichener See, einem zeitweise entstehenden Gewässer bei Lörrach in Süddeutschland.

Wenn in Deiner Nähe Urzeitkrebse leben, darfst Du in Deinem Naturschutzverein vielleicht sogar dabei mithelfen, ihren Lebensraum zu schützen, indem Ihr beispielsweise in der trockenen Jahreszeit Pflanzen entfernt, die ihn sonst überwuchern würden.

Da die Tiere so selten und so stark gefährdet sind: Bitte sei in der Natur umsichtig, laufe nicht ins Wasser hinein, sondern beobachte vom Rand aus, und störe die Tiere nicht.

Es ist unheimlich aufregend, einmal selbst Urzeitkrebse in der Natur zu beobachten

Du kannst mithelfen!

Wenn Du in der Natur Urzeitkrebse findest, solltest Du das Experten melden, die sich um den Schutz dieser Tiere bemühen und sie erforschen. Dazu gibt es auf diesen Homepages je ein Formular für Österreich und für Deutschland:
urzeitkrebse.org
ag-urzeitkrebse.de
Auf der letztgenannten Seite findest Du auch ausführliche Informationen zu heimischen Arten.

Dann schlüpfen unzählige Eichener Feenkrebse

Ist nach ausgiebigen Regenfällen der Grundwasserspiegel ausreichend hoch, füllt sich regelmäßig der Eichener See bei Lörrach in Süddeutschland

Extra: Urzeitkrebse selber halten – mit Erfolg und Spaß!

Urzeitkrebse selbst zu halten, ist nicht allzu schwierig. Allerdings funktioniert es mit etlichen der Sets, die Du überall zum Beispiel im Spielwarenhandel kaufen kannst, nicht wirklich gut. Dazu braucht es in den meisten Fällen schon etwas mehr.

Um Dir ausführlich schildern zu können, was genau Du dazu benötigst und wie Du am besten vorgehst, haben Eulchen Xabi und ich ein Extra-Kapitel dazu geschrieben. Du findest es im Internet unter:

www.entdecke.de/198-urzeitkrebse-extra

Großes Urzeitkrebs-Quiz

Du weißt jetzt sehr viel über Urzeitkrebse, ja, Du bist ein richtiger Experte auf diesem Gebiet geworden! Wenn Du Lust hast, kannst Du einmal ausprobieren, was Du Dir alles gemerkt hast. Kreuze bei jeder Frage eine Antwort mit dem Bleistift an und schau am Schluss auf Seite 64 nach, ob Du richtig getippt hast. Die letzten drei Fragen beziehen sich übrigens nicht auf das Buch, sondern auf das Extra-Kapitel zur Haltung von Urzeitkrebsen, das Du aus dem Internet herunterladen kannst. Und nun viel Spaß!

1. Wann lebten die ersten Vorfahren der heutigen Urzeitkrebse?

a) vor 25 Millionen Jahren .... ●
b) vor 100 Millionen Jahren .... ●
c) vor 500 Millionen Jahren .... ●

2. Seit unfassbar langer Zeit haben Urzeitkrebse ihren Körperbau kaum verändert. Wie werden sie deshalb auch genannt?

a) Lebende Fossilien .... ●
b) Dinosaurierkrebse .... ●
c) Uraltkrebse .... ●

3. Wo leben Urzeitkrebse?

a) auf allen Kontinenten .... ●
b) auf allen Kontinenten, außer der Antarktis .... ●
c) überall, außer in der Arktis .... ●

4. Wie nennen Wissenschaftler die Urzeitkrebse samt ihren Verwandten, den Wasserflöhen?

a) Plattfuß- oder Riemenfußkrebse .... ●
b) Blattfuß- oder Kiemenfußkrebse .... ●
c) Glattfuß- oder Striemenfußkrebse ..... ●

5. Woraus besteht die Körperhülle der Urzeitkrebse, zum Beispiel der Schild der Rückenschaler?

a) vor allem aus Chitin, wie bei Insekten.. ●
b) vor allem aus Kalk, wie beim Hummer und anderen Krebsen .... ●
c) vor allem aus Eisen, wie bei einer Ritterrüstung....................................... ●

6. Urzeitkrebse besitzen ein kleines Medianauge (= Mittelauge) und große ...

a) ... Konvexaugen .... ●
b) ... Komplexaugen .... ●
c) ... Perplexaugen .... ●

7. In den von Urzeitkrebsen abgelegten Dauereiern hat sich der Embryo schon etwas entwickelt. Darum nennt man sie auch ...

a) ... Embryo-Eier .... ●
b) ... Entwicklungs-Eier .... ●
c) ... Zysten .... ●

8. Urzeitkrebse leben ...

a) ... nur in ganz klarem Wasser .... ●
b) ... nur in ganz trübem Wasser .... ●
c) ... in trübem und/oder in klarem Wasser ●

9. Die besondere Larve aller Blattfußkrebse und somit auch der Urzeitkrebse nennt man:

a) Nautiluslarve .... ●
b) Naupliuslarve .... ●
c) Nemolarve .... ●

10. Welche Art lebt auch in dauerhaft bestehenden Seen, zusammen mit Fischen?

a) der Sommer-Schildkrebs .... ●
b) der Frühjahrs-Schildkrebs .... ●
c) der Arktische Frühjahrs-Schildkrebs .. ●

11. Wie kämpfen die Männchen mancher Feenkrebse gegeneinander?

a) mit Rammstößen des Kopfes .... ●
b) mit heftigen Bissen .... ●
c) indem sie einander mit ihren langen Antennen umklammern .... ●

12. Wie können Urzeitkrebse neue Lebensräume erobern?

a) Ihre Zysten reisen in oder an Tieren .... ●
b) Wenn ihr Lebensraum austrocknet, robben die Krebse über Land bis zur nächsten Wasserstelle .... ●
c) Die Krebse halten sich an Vögeln und anderen Tieren fest und lassen sich von ihnen tragen .... ●

13. Von welchem Urzeitkrebs werden tonnenweise Zysten geerntet, um mit den Krebschen Fische und Krebstiere zu füttern?

a) Schildkrebs .... ●
b) Salzkrebschen .... ●
c) Muschelschaler .... ●

14. Wobei helfen Schildkrebse dem Menschen?

a) Sie fressen die Larven von Stechmücken .... ●
b) Sie graben den Boden um, sodass besser gesät werden kann .... ●
c) Schildkrebse sind zu gar nichts nütze .. ●

15. Sind Urzeitkrebse in der Natur wichtig?

a) Nein! Urzeitkrebse sind zwar schön, aber in der Natur gar nicht wichtig .... ●
b) Ja! Sie verbessern das Klima, weil sie Kohlendioxid aus der Luft filtern .... ●
c) Ja! Sie dienen unzähligen Vögeln, Insekten und anderen Tieren als Nahrung ... ●

16. Sind auch solche Gewässer wichtig, die nur kurze Zeit bestehen?

a) Nein, ein Gewässer muss schon auf Dauer vorhanden sein .... ●
b) Ja, als Lebensraum für unzählige Tierarten .... ●
c) Ja, aber nur dann, wenn es niemals gefriert, sonst sterben die Tiere .... ●

17. Wie steht es um die Urzeitkrebse in Deutschland?

a) Zum Glück sind in Deutschland alle Arten noch sehr häufig .... ●
b) In Deutschland gibt es gar keine Urzeitkrebse, nur in den Tropen .... ●
c) Leider sind alle Arten selten und mehr oder weniger bedroht .... ●

18. Welches Wasser eignet sich gut, um darin Urzeitkrebse schlüpfen zu lassen?

a) ganz frisches Leitungswasser .... ●
b) nur Wasser aus Pfützen .... ●
c) eine Mischung aus destilliertem Wasser und stillem Mineralwasser .... ●

19. Woher kannst Du Dauereier von Urzeitkrebsen bekommen?

a) aus dem Zoohandel oder von spezialisierten Händlern .... ●
b) einfach in der Natur sammeln .... ●
c) im Supermarkt, neben den Hühnereiern ●

20. Worauf solltest Du bei der Haltung von Urzeitkrebsen besonders achten?

a) dass Du nur heimische Arten hältst .... ●
b) dass keine Zysten in die Natur gelangen können .... ●
c) dass immer Schildkrebse, Feenkrebse und Muschelschaler zusammen gehalten werden .... ●

Lösungen zum Urzeitkrebs-Quiz:

1. c: Die ersten Vorfahren der heutigen Urzeitkrebse lebten vor 500 Millionen Jahren.
2. a: Urzeitkrebse werden auch als Lebende Fossilien bezeichnet.
3. a: Urzeitkrebse leben auf allen Kontinenten, selbst in der Antarktis und auch in arktischen Regionen.
4. b: Wissenschaftler nennen diese Krebstiergruppe Blattfuß- oder Kiemenfußkrebse.
5. a: Die Körperhülle der Urzeitkrebse besteht vorwiegend aus Chitin.
6. b: Die großen Augen der Urzeitkrebse heißen Komplexaugen, weil sie aus vielen Einzelaugen bestehen.
7. c: Die „Dauereier" der Urzeitkrebse heißen Zysten, weil sich darin schon ein Embryo etwas entwickelt hat.
8. c: Je nach Art kommen Urzeitkrebse mit klarem, nährstoffarmem Wasser oder auch mit trübem, nährstoffreichem Wasser zurecht.
9. b: Die typische Larve aller Blattfußkrebse heißt Naupliuslarve.
10. c: Der Arktische Frühjahrs-Schildkrebs kommt auch gemeinsam mit Fischen in dauerhaften Seen vor.
11. a: Bei manchen Feenkrebsen wurde beobachtet, dass Männchen mit den Köpfen gegeneinander stoßen oder den Gegner damit in die Seite stupsen.
12. a: Unter anderem breiten sich Urzeitkrebse aus, indem ihre Zysten im Verdauungstrakt von Tieren oder im Schlamm an deren Fell oder Gefieder mitreisen.
13. b: Vor allem von einer Art der Salzkrebschen oder Artemien werden jährlich etwa 3 000 Tonnen Zysten verkauft, dem Mono-Salzkrebschen.
14. a: Schildkrebse fressen unzählige Larven von Stechmücken. Außerdem können sie je nachdem als Schädling oder Nützling in Reisfeldern in Aktion treten.
15. c: Urzeitkrebse dienen unzähligen Tierarten als Nahrung, darunter viele Vögel.
16. b: Gewässer, die nur kurzfristig bestehen, dienen unzähligen Tierarten als Lebensraum, Tränke und Nahrungsquelle, darunter Blattfußkrebse, Amphibien, Insekten, Vögel und viele andere.
17. c: In Deutschland ist mindestens eine Art schon ausgestorben, alle Arten sind selten und stark bedroht.
18. c: Eine Mischung aus einem Drittel stillem Mineralwasser und zwei Dritteln destilliertem Wasser eignet sich gut, um darin Urzeitkrebse schlüpfen zu lassen.
19. a: Bitte nimm keine Urzeitkrebse oder ihre Zysten aus der Natur mit, denn alle Arten sind bedroht. Du bekommst Zysten von Salzkrebschen im Zoohandel, die anderer Urzeitkrebse von spezialisierten Händlern im Internet.
20. b: Achte darauf, dass keine Zysten von Urzeitkrebsen in die Natur gelangen. Das gilt selbst für heimische Arten, denn sie könnten von ganz anderen Fundorten stammen und vielleicht sogar falsch bestimmt sein.

Entdecke die Reihe mit der Eule!

Entdecke die Eulen

Entdecke die Greifvögel

Entdecke die Geier

Entdecke die Rabenvögel

Entdecke die Spechte

Entdecke die Finken

Entdecke die Spatzen

Entdecke die Eisvögel

Entdecke die Zugvögel

Entdecke die Singvögel

Entdecke die Meisen

Entdecke die Kraniche

Entdecke die Störche

Entdecke Schwäne, Gänse & Enten

Entdecke die Möwen

Entdecke die Pinguine

Entdecke die Papageien

Entdecke die Kolibris

Entdecke die Fledermäuse

Entdecke die Hunde

Entdecke die Kühe

Entdecke die Pferde

Entdecke die Esel

Entdecke die Nagetiere

Entdecke die Igel

Entdecke die Waschbären

Entdecke die Biber

Entdecke die Otter

Entdecke heimische Wildtiere

Entdecke die Wölfe

Entdecke die Bären

Entdecke die Tiger

Entdecke die Menschenaffen

Entdecke Affen und Lemuren

Entdecke die Pandas

Entdecke die Elefanten

Entdecke die Nashörner

Entdecke die Erdmännchen

Entdecke die Beuteltiere

Natur und Tier - Verlag GmbH
An der Kleimannbrücke 39/41 · 48157 Münster
Telefon: 0251 - 13339-0 · Fax: 0251 - 13339-33
E-Mail: verlag@ms-verlag.de · www.ms-verlag.de